Libérez-vous par la pensée positive

Dans la même collection :

Vera Peiffer, *Comment gérer son stress.*

Vera Peiffer, *Se soigner par l'hypnose.*

Cathy Hopkins, *Les Bienfaits de l'aromathérapie.*

Nicola Hall, *Se soigner par la réflexologie.*

Angela Hicks, *Se soigner par la médecine chinoise.*

David Lawson

Libérez-vous par la pensée positive

HACHETTE

Avertissement

Les conseils, informations et recommandations contenus dans cet ouvrage ne doivent en aucun cas vous inciter à l'autodiagnostic ou à l'automédication. Ils ne remplacent pas le diagnostic ni les soins d'un praticien qualifié. Ils ne vous dispensent pas de consulter votre médecin. N'interrompez jamais un traitement, ne modifiez jamais une prescription sans avis médical. Ni les auteurs ni l'éditeur ne pourront être tenus pour responsables de la mauvaise utilisation d'un remède ou d'une thérapie décrits dans ces pages.

Réalisation de l'édition française
Traduction : Maurice Hilleret
Dessins : Graph'M/Thierry Aubert
Correction : Michelle Teboul
Maquette intérieure et couverture : Graph'M

« David Lawson vous accompagne vers la guérison, en un voyage dont tout le monde peut tirer profit. »

Louise L. Hay, auteur de *Transformez votre vie* (éditions Marabout).

Remerciements

Ce livre est dédié à mes parents Lilian et Eric, qui m'ont toujours prodigué leur soutien.

Je voudrais également remercier, pour leur aide dans l'écriture et la publication de cet ouvrage, Susan Mears, mon agent littéraire, Elizabeth Puttick, mon éditeur, Michelle Pilley, Michele Turney, Barbara Vesey, Elizabeth Hutchins, Jo Ridgeway, Michael Spender, Tony Hannaford, Barbara A. King, Anne et Alex Carson, Star, Stephanie Holland, la délicieuse Kitty Campion et tous mes amis, ma famille, mes patients et mes guides.

Je remercie particulièrement Louise L. Hay pour son inspiration et ses encouragements et mon collègue Justin Carson, dont les conseils, les idées, la bonne humeur et la sollicitude m'ont permis d'écrire ce livre.

David Lawson

Pour protéger la vie privée des amis et patients dont je raconte l'histoire dans cet ouvrage, j'ai changé leurs noms et certains détails de leur vie.

Sommaire

La guérison ne peut nous être octroyée, elle demande notre participation active, qui passe par la transformation de nos pensées et du mode d'expression de nos émotions, de façon à vivre mieux.

Ce livre est exceptionnel dans le domaine de l'« autoguérison », en cela qu'il n'exclut pas les techniques médicales éprouvées. En effet, nous devons apprendre à tenir compte des conseils et du savoir de la médecine traditionnelle pour développer nos dons de guérison innés. Nous pouvons ainsi changer notre mode de vie, qui est la source principale de nos problèmes et de nos souffrances.

Cet ouvrage vous fournira tous les outils dont vous avez besoin pour commencer à transformer les habitudes mentales et émotionnelles héritées de votre enfance. Les techniques décrites vous aideront à recouvrer la santé et à être en possession de tous vos moyens.

La guérison est aussi une question de qualité de vie. Tout le monde ne peut pas guérir, mais chacun d'entre nous peut apprendre à vivre avec honneur, dignité et courage, quel que soit l'avenir. Alors que le chemin de la guérison est d'abord une célébration de la vie, pour quelques-uns la mort est le plus grand remède.

David Lawson est un thérapeute habile et chaleureux. Chaque personne qui le rencontre repart chargée d'une nouvelle énergie grâce à sa gentillesse, son habileté et sa sagesse.

J'espère que vous apprécierez ce livre autant que je l'ai fait et qu'il vous ouvrira d'innombrables voies, dont vous n'imaginez sans doute pas encore l'existence.

Justin Carson
Thérapeute et conférencier

1 ■ Commençons notre voyage

L'art de « se soigner soi-même » est une aventure permanente, un voyage à la découverte de soi, où chacun peut choisir entre mille solutions adaptées à ses besoins. Qu'on commence son voyage en bonne santé ou malade physiquement, mentalement ou émotionnellement, il y aura bien des choses à découvrir et à mettre en pratique, qui nous emmèneront au-delà de nos rêves les plus fous. Notre ticket d'embarquement est le désir d'apprendre et de s'élever. Notre passeport est notre volonté de changer notre vie pour le meilleur.

Ce que vous désirez doit déjà vous apparaître clairement. Peut-être souhaitez-vous rester en bonne santé et pouvoir résister à une éventuelle maladie ou bien attendez-vous qu'on vous aide à supporter un traitement, si vous êtes malade, afin de tirer parti au mieux des thérapies traditionnelles ou complémentaires que vous suivez.

Certains d'entre vous ne désirent peut-être qu'exorciser des fantômes du passé ou éprouver un sentiment de plénitude, de paix intérieure, de confiance, d'estime de soi et de progrès. D'autres souhaitent construire sur les bases d'un bien-être et d'un bonheur qu'ils connaissent déjà, découvrir plus de joies, plus de liberté et d'occasions de réussir leur vie.

Cet ouvrage explore les principes de l'autoguérison, qui peuvent être adaptés à votre développement personnel. Ceux qui étayent les exercices axés sur la guérison physique peuvent également aider sur le plan émotionnel, mental ou spirituel. Mettez en œuvre ces idées, ces techniques et adaptez-les à vos besoins.

Que signifie se soigner soi-même ?

Se soigner soi-même représente un travail permanent sur sa santé, son bien-être et son potentiel personnel. Le principe de base est qu'il vaut mieux chercher des solutions aux défis que nous lance la vie plutôt que de nous considérer comme les victimes de la fatalité. Au lieu de faire de notre mieux pour assumer les hauts et les bas de notre existence, décidons de vivre la vie que nous désirons et vivons-la au mieux.

- Se soigner soi-même, c'est se servir de sa force d'esprit d'une manière positive et constructive. Pour que votre vie soit pleine, il faut vous défaire des vieux schémas de pensée, des préjugés et des attitudes qui atteignent votre santé et votre harmonie intérieure.
- Se soigner soi-même, c'est être à l'écoute de l'intelligence et de la sagesse de son corps. Vous devez être attentif à vos besoins physiques et exercer, nourrir votre corps de manière saine et agréable.
- Se soigner soi-même, c'est exploiter l'énergie positive et créative de ses émotions. Vous devez écouter ce que vous dicte votre cœur, être à l'écoute de vos sentiments et les exprimer utilement et librement.

Se soigner soi-même, c'est aussi trouver sa place dans l'ordre des choses, développer une philosophie, une prise de conscience spirituelle qui donne un sens à la vie. Il vous faut élargir votre vision du monde et accepter avec joie les mystères de l'univers, en laissant de côté votre passé, la culture et les croyances dans lesquelles vous avez grandi.

Ce livre va vous aider à vous servir des pouvoirs de votre esprit. Vous apprendrez à faire de nouveaux choix, qui vous permettront d'évoluer sur tous les plans – mental, émotionnel, physique et spirituel. C'est à vous de décider de ces choix. Chaque pas en avant, aussi petit soit-il, peut représenter une avancée importante dans votre développement personnel.

Comment rester en bonne santé

Très simplement, en maintenant notre équilibre. Il est important d'être en harmonie avec les autres, avec notre environnement, mais le plus important est de l'être avec nous-mêmes. Pour être en harmonie avec le monde, le mieux est de bâtir en nous cette harmonie, qui alors irradiera vers l'extérieur. Pour équilibrer nos vies, il faut nous équilibrer physiquement, mentalement, émotionnellement et spirituellement.

Trouver cet équilibre ne peut se résumer à une formule figée. Il n'est pas question, ici, d'apprendre comment agir dans le bon sens. Par exemple, si l'on vous montre comment placer votre corps pour qu'il soit dans un alignement parfait, on vous rend un grand service.

Si, au contraire, on vous demande de rester figé dans cette position correcte, on vous rend un mauvais service. Car la vie n'est que changement et mouvement. Être équilibré, c'est ne jamais considérer la même chose de la même façon.

●●●●●●
Trouvez votre équilibre.

À mesure que je partagerai avec vous idées et techniques, je vous rappellerai les quatre clés de l'art de la guérison : écouter, observer, choisir et s'adapter.

Écouter

Certains d'entre nous sont nés avec de bonnes dispositions à écouter, d'autres ont été éduqués à le faire, d'autres encore l'ont appris plus tard, par nécessité. Savez-vous écouter ? Même si vous êtes très attentif, il y a toujours quelque chose de nouveau à apprendre dans ce domaine.

L'art de l'écoute ne dépend pas de notre faculté d'entendre. Certains malentendants peuvent parfois avoir une écoute meilleure que d'aucuns dont l'ouïe est parfaite.

Pour nous guérir, nous avons besoin d'écouter nos sensations, notre corps, les mots que nous employons, le son et la résonance de notre voix, les informations que nous communiquent les autres. L'écoute des autres nous permet d'effectuer de prodigieux changements dans notre vie.

Observer

Lorsque nous observons quelque chose, celle-ci prend souvent une importance et une signification nouvelles. Une belle fleur, une odeur suave ou un son agréable peuvent modifier notre humeur. Des pensées, des souvenirs ou des associations d'idées surgissent. De même, si nous observons quelque chose de désagréable, cela affectera notre humeur, mais, en en prenant conscience, nous pouvons choisir de réagir positivement.

Pour nous guérir, il est indispensable d'avoir la volonté d'observer nos pensées et nos convictions, ce qui nous motive et nous donne de l'énergie, ce qui, au contraire, nous démotive et épuise notre énergie. L'observation nous donne de la force et nous aide à prendre des décisions positives.

Choisir

Combien d'entre nous s'accommodent d'une vie médiocre, d'une petite santé, parce qu'ils ne savent pas qu'ils ont le choix. Nous avons tendance à croire que notre vie ne peut tenir compte de nos souhaits, rêves et désirs. Nous nous considérons souvent comme les victimes des circonstances, faisant ce que nous pouvons pour faire face au destin.

Exprimez vos choix.

Quand nous découvrons que nous avons le choix et le droit de l'exercer dans tous les domaines de notre vie, nous prenons alors conscience de notre pouvoir d'effectuer d'étonnants changements.

Pour guérir, il nous faut chercher de nouvelles manières de penser et d'agir. Nous devons choisir d'autres façons de considérer l'existence, abandonner tout ce qui est préjudiciable à notre santé et notre bonheur et prendre de nouvelles directions qui favoriseront notre développement personnel. En exerçant des choix, nous nous ouvrons des portes et prenons en charge notre destinée.

S'adapter

Certaines maladies et nombre de problèmes viennent de notre peur innée de la vie. Même les gens les plus positifs, les plus entreprenants peuvent résister à certains changements. En revanche, quelques-unes des personnes les plus saines que j'aie rencontrées étaient celles qui avaient la ferme volonté de s'adapter et d'apprendre à considérer la vie autrement.

●●●●●●

Source de guérison : notre capacité d'adaptation au changement.

Pour guérir, il faut souvent s'adapter aux circonstances, à des environnements différents, à de nouveaux besoins et désirs, modifier son approche pour obtenir les meilleurs résultats dans toutes les situations, adopter des idées neuves, de nouvelles techniques, des traitements et des philosophies. Quand nous voulons nous adapter, nous restons souples et ouverts à des solutions qui dépassent nos attentes ou notre expérience.

En persévérant à écouter, observer, choisir et nous adapter, nous sommes à même de créer et recréer l'équilibre en nous-mêmes, nous permettant ainsi de vivre la vie saine et heureuse que nous sommes censés vivre. Ceci est particulièrement important si nous voulons répondre au message de la maladie.

Le message de la maladie

Évidemment, il vaut mieux jouir d'un bon équilibre et éviter d'être malade. Mais, si nous regardons la situation en face et avec amour, l'arrivée de la maladie peut être considérée comme une chance, comme une bénédiction. Cette idée peut nous paraître étrange, surtout si nous souffrons. Mais nous avons le pouvoir de tirer bénéfice de cette épreuve.

La maladie est toujours porteuse d'un message. Les symptômes physiques nous avertissent que nous avons quelque chose à apprendre sur nous-mêmes, quelque chose à changer. Le message peut concerner surtout le corps. Si nous avons mal au dos, cela peut vouloir dire que nous devons apprendre à nous mouvoir d'une autre façon ou à nous tenir correctement.

Être à l'écoute de votre corps et prendre conscience de la douleur dès qu'elle apparaît peut vous permettre de choisir de nouvelles façons de les corriger, en découvrant, par exemple, un exercice approprié, des thérapies et un maintien correct. Même si vous commencez à prendre en compte un peu tardivement cette douleur, vous pouvez améliorer la situation et empêcher une aggravation.

Les symptômes physiques, cependant, peuvent aussi envoyer un message émotionnel. Le mal de dos, qui nous avertit qu'il faut bouger, nous lever et nous tenir debout plus correctement, peut aussi nous pousser à chercher la cause de la tension émotionnelle qui contribue à cette douleur.

●●●●●●

Écoutez les messages de votre corps.

Le message peut également concerner le mental : peut-être sommes-nous engagés dans de vieux schémas de pensée qui ne nous conviennent plus. La rigidité de la pensée est une des causes de la raideur physique. La douleur, dans ce cas, nous annonce qu'il est temps de modifier nos habitudes.

Tous les symptômes physiques nous disent que nous avons quelque chose à apprendre et, dans nombre de cas, quelque chose à soigner dans notre vie. Les problèmes émotionnels, les accidents, les échecs dans la communication, les tensions relationnelles, les périodes de crise contiennent un message, et chacun de ces événements est un cadeau si nous restons ouverts et capables de le considérer comme tel.

La tête, le cœur et la voix

Beaucoup de traditions médicales naturelles travaillent sur l'équilibre entre la tête, le cœur et la voix. Les Indiens d'Amérique et d'autres cultures indigènes connaissent des pratiques de guérison, transmises de génération en génération et fondées sur l'utilisation de remèdes naturels, sur des rituels sacrés et une compréhension de la nature humaine, que les cultures dites civilisées feraient bien de réapprendre. La connaissance profonde de la nature humaine enseigne que, lorsque la tête, le cœur et la voix entrent en conflit, survient un déséquilibre, et nous tombons malades.

La tête, bien sûr, est le siège de nos pensées, de nos convictions, de nos jugements et de nos opinions. Le cœur est un trésor de sentiments, d'émotions, d'instincts et de sensations physiques. La voix est notre expression, notre moyen de communication et notre puissance créatrice. Le monde moderne insiste beaucoup sur l'importance de la tête. Nous vivons à une époque où les choses vont de plus en plus vite, où la technologie progresse, où notre savoir s'accroît sans cesse. Or nos systèmes éducatifs mettent l'accent sur l'acquisition de faits, plutôt que sur la façon de nous exprimer correctement et d'être en accord avec nos sentiments et notre intuition.

Certes, les nombreuses avancées de la science et du savoir humain sont des dons miraculeux. Utilisées avec sagesse, elles peuvent améliorer beaucoup de domaines de notre existence, mais nous devons être attentifs à développer cette sagesse. Pour chacun d'entre nous, maintenir l'équilibre entre la tête, le cœur et la voix est le meilleur moyen de surmonter et de transcender les stress de la vie moderne.

L'histoire de Suzanne

Suzanne était dotée d'un tempérament passionné et expansif. Ses instincts la poussaient à envisager la vie avec émotion, compassion et sensibilité. Quand elle vint me consulter pour une séance de soins et de conseils, elle se sentait en panne, frustrée. Rien ne semblait aller comme elle le souhaitait dans son travail et dans sa vie privée, et elle tombait régulièrement dans des périodes de dépression, qui, parfois, duraient des semaines. Elle se sentait alors abandonnée de tous, seule sur une île déserte, déconnectée du reste du monde.

De telles expériences sont très banales. Beaucoup d'entre nous, un jour ou l'autre, se sont sentis coupés des autres ou d'eux-mêmes. Mais, en écoutant cette personne sensible me raconter sa vie, j'entendis différents messages qui venaient de toutes les parties de son être. Je fis partager à Suzanne l'idée que nous avions tous besoin de garder tête, cœur et voix en harmonie et lui demandai de me dire ce qu'elle ressentait dans son cœur.

Suzanne me confia qu'elle était souvent émue aux larmes. Un beau morceau de musique, un geste d'amour pouvaient lui faire verser des larmes de joie, de tristesse et de soulagement. Elle m'avoua aussi que, durant ses périodes de dépression, elle ne ressentait plus rien, ce qui la désespérait. Il lui arrivait d'avoir la gorge douloureusement nouée par l'émotion. En effet, elle souffrait régulièrement de maux de gorge et devenait parfois complètement aphone.

Je lui demandai ce qu'elle pensait de ses émotions. Elle me répondit qu'elle adorait en éprouver, mais qu'elle avait peur que ce soit mal. Elle pensait qu'il était malsain d'être trop émotive. Quand elle était petite, son père l'avait grondée d'être aussi sensible. Il lui avait dit qu'elle devait contrôler cette émotivité, qui la mettait à la merci des autres. Il lui avait soufflé l'idée que, pour être forte et indépendante, il fallait cacher sa sensibilité.

Le cœur de Suzanne débordait d'énergie et d'émotions positives, mais sa tête était encombrée de pensées et de jugements qui bridaient leur expression. En conséquence, sa voix était confuse : tantôt elle exprimait les sentiments qu'elle ressentait dans l'instant, tantôt elle les refoulait littéralement, et c'est alors qu'elle tombait malade ou était déprimée. Sa nature émotive étouffait ses aspirations, or c'est à travers ses sentiments que Suzanne appréhendait le monde. Il n'est donc pas étonnant qu'elle se sentît abandonnée sur une île déserte lorsqu'elle ne pouvait pas s'exprimer.

Plus Suzanne abandonnait ses jugements, libérant sa sensibilité et plus elle se sentait joyeuse, moins elle était déprimée et plus la vie lui souriait. Elle apprit à penser et à parler selon sa vraie nature, et l'équilibre revint entre son cœur, sa tête et sa voix. Il est intéressant de noter que, quand elle parvint à donner libre cours à ses émotions, elle découvrit qu'elle n'en éprouvait plus le besoin continuel. Elle apprit également à se sentir forte et sûre d'elle-même, qu'elle fût sous l'emprise d'une émotion ou non.

Pensées, sentiments et expression

Pour beaucoup d'entre nous, le conflit entre nos sentiments ou nos désirs et les convictions et jugements que nous avons dans la tête est cause d'un stress qui se traduit par la maladie ou des problèmes à répétition avec nos amis, au travail ou dans notre situation financière. Notre voix devient confuse, traduisant des messages brouillés ou, dans certains cas, inexistants. Nous ne disons pas ce que nous pensons ni ne pensons vraiment ce que nous disons.

Si, par exemple, nous sommes très en colère parce qu'un de nos proches nous a trahis ou méprisés, tout en restant convaincus que nous n'avons pas le droit d'être en colère, nous allons trouver un moyen indirect de le faire savoir : nous marmonnerons, nous serons sarcastiques ou nous bouderons. Tôt ou tard, cette tension créera en nous une maladie ou

affectera notre capacité à communiquer correctement avec les autres.

Nous allons substituer à cette attitude négative, qui se traduit par des pensées moroses, un comportement positif qui va nous apporter de bons résultats. C'est le meilleur moyen de rester en bonne santé.

En transformant nos pensées négatives et limitatives en pensées positives et ouvertes, nous exprimons nos sentiments, nos besoins et nos désirs en découvrant des façons saines et aimantes de le faire. Si nous sommes convaincus qu'il est bon pour nous de montrer notre colère, nous devenons honnêtes avec autrui, prêts à chercher de nouvelles solutions aux conflits et allons jusqu'à nous sentir libres d'exprimer tout l'amour que nous portons en nous-mêmes. Car l'amour est souvent latent, piégé par cette colère ou cette peur que nous sommes incapables d'extérioriser.

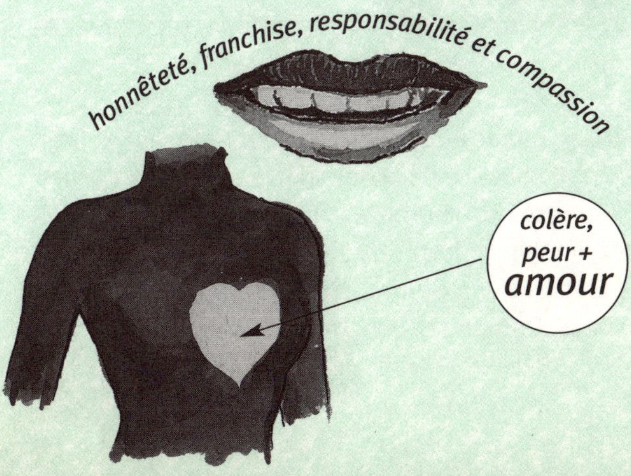

Exercice :
harmoniser la tête, le cœur et la voix

Pour cet exercice, vous avez besoin de vingt minutes de tranquillité, d'être assis confortablement, muni d'un crayon et de papier.

Commencez par vous asseoir tranquillement en respirant profondément, ralentissez peu à peu votre respiration jusqu'à ce que vous vous sentiez calme et décontracté.

Maintenant, pensez à un problème de santé ou un souci que vous avez en ce moment. Ce peut être un problème relationnel ou une difficulté dans votre vie professionnelle.

Concentrez-vous d'abord sur votre cœur. Posez-vous la question suivante : « Qu'est-ce que j'éprouve dans mon cœur à ce sujet ? » Pour vous aider, vous pouvez placer votre main sur votre poitrine et imaginer que vous respirez directement dans votre cœur et sur les sentiments que vous éprouvez.

Vous sentez-vous triste ?

Êtes-vous en colère ?

Vous sentez-vous joyeux ? confus ? engourdi ? désappointé ? peiné ? passionné ? excité ? effrayé ?

Avez-vous des désirs ou des besoins qui palpitent dans votre cœur et qui doivent absolument être reconnus et exprimés ?

Soyez à l'écoute de ces sensations, observez-les bien.

Ensuite, concentrez-vous sur votre tête. Posez-vous la question suivante : « Qu'est-ce que je pense à ce sujet ? » Tout en respirant, imaginez que vous êtes capable d'éclairer vos pensées et vos opinions comme pour les rendre visibles. Demandez-vous :

Qu'est-ce que je pense au sujet de cette maladie, de ce problème ?
Qu'est-ce que je pense de mes sensations ?
Est-ce bon pour moi de ressentir cela ?
Est-ce que je juge mes sensations ?
Devant cette situation, ai-je des pensées négatives ou limitatives ?
Soyez à l'écoute de ces pensées, de ces convictions et observez-les bien.
Prenez le temps d'écrire ce que vous ressentez et ce que vous pensez.

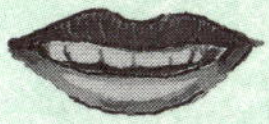
Maintenant, concentrez-vous sur votre voix. En posant doucement une main sur votre gorge, demandez-vous : « Qu'ai-je besoin de dire à ce sujet ? » Tout en respirant, imaginez que votre gorge se décontracte et demandez-vous :
Ai-je besoin d'exprimer mes sentiments ?
Ai-je besoin d'aide ?
Ai-je besoin de faire part aux autres de mes désirs et de mes espoirs ?
Me faut-il demander plus d'information ?
Pourrais-je être plus honnête envers moi-même ou envers un intime ?
Ensuite, couchez sur le papier vos pensées et vos sentiments.
Quels nouveaux choix pouvez-vous faire pour en finir avec cette maladie ou cette situation ?
Comment pouvez-vous adapter vos pensées, vos convictions et vos moyens d'action pour gagner la partie ?
Clarifiez toutes vos réflexions et rappelez-vous qu'il faut les mettre en œuvre. Refaites cet exercice régulièrement. Plus vous vous poserez les bonnes questions, plus il vous sera facile d'harmoniser tête, cœur et voix et d'entreprendre une action positive.
Au fil de ces pages, je vous ferai partager des idées

et des techniques propres à vous faire développer des modèles de pensée positive et saine, à exprimer et utiliser le pouvoir de vos sensations et à maintenir votre vie dans l'équilibre et l'harmonie. Ce n'est qu'un début.

Visualisation : harmonisez vos pensées, vos sensations et votre façon de vous exprimer

Asseyez-vous confortablement dans un endroit tranquille, décrochez le téléphone et assurez-vous de ne pas être dérangé. Bien adossé sur votre siège, votre corps doit être ouvert et détendu, sans croiser les bras ni les jambes. Vous pouvez vous étendre par terre, mais gardez toujours le corps ouvert, sans vous recroqueviller.

Je vais vous inviter à vous servir de quelques images mentales positives. C'est un peu comme un rêve éveillé.

●●●●●●
Visualisez une image positive.

Imaginez quelque chose que vous désirez ou remémorez-vous un souvenir agréable. Certains ont des images fortes qui leur viennent à l'esprit, d'autres non. Peu importe : ce que vous imaginez suffit à tenir l'idée, le concept dans votre esprit et cela va travailler pour vous.

Pour commencer, respirez profondément et imaginez votre cœur et votre poitrine palpiter sous l'effet d'une lumière belle et bienfaisante. La lumière est une masse chatoyante de couleurs irisées qui reflète votre humeur et vos sensations. Choisissez les couleurs les plus vives et regardez-les rayonner et devenir de plus en plus brillantes dans votre cœur.

Ensuite, imaginez votre gorge, votre cou et votre larynx rayonnant pareillement. Remarquez les couleurs les plus vives qui remplissent et entourent cette partie de votre corps. Voyez la lumière devenir plus forte, plus saine et plus positive.

Maintenant, portez votre attention sur votre tête et sur votre esprit et imaginez cette partie de votre corps rayonnant aussi de lumière. Quelles couleurs pourraient rayonner de votre esprit ? Regardez la lumière chatoyante autour de votre tête tandis que vous explorez et jouez avec toutes les pensées qui viennent.

Finalement, imaginez un simple, un pur rayon de lumière dorée qui traverse votre tête, votre cœur et votre voix, une ligne solide d'énergie lumineuse qui relie l'espace émotionnel de votre poitrine à l'espace de communication de votre gorge et l'espace intellectuel situé dans votre tête.

Imaginez cette lumière colorée dans ces trois espaces, s'harmonisant et devenant de plus en plus brillante, jusqu'à ce que votre tête, votre cœur et votre voix soient en équilibre parfait. Imaginez-vous pensant, ressentant et communiquant avec une voix forte et positive. Toutes les parties de votre être sont en équilibre et en accord les unes avec les autres. Continuez à respirer profondément et soutenez cette image pendant un moment, en observant bien pensées, sensations, besoins et désirs.

Une lumière bienfaisante emplit votre corps.

Répétez cet exercice lorsque vous sentez le besoin de récupérer votre équilibre ou quand vous souhaitez apaiser un conflit, intérieur ou extérieur. En attendant, continuons à soigner quelques-unes des pensées et convictions que vous devez encore avoir en vous...

2 Soigner son mental

Votre cerveau est extraordinaire. Personne ne pense exactement comme vous. Personne n'a la même somme de pensées, de convictions, de souvenirs, de rêves et d'idées que vous. Vous êtes unique !

La plupart du temps, notre mental fonctionne à merveille. Cependant peut survenir un problème, une maladie causée en partie par les convictions restrictives ou morales que nous portons en nous. Nous pouvons même entrer dans la maladie sans avoir conscience de ce que nous faisons.

Le mental travaille beaucoup, il se plaît dans une activité constante et aime contrôler les événements, ce qui peut créer stress et rigidité. Il nous faut apprendre à aménager le pouvoir de notre esprit et à nous en servir d'une façon constructive, pour créer l'espace dans lequel la santé et le bonheur s'épanouiront.

Les pensées négatives et restrictives

Même les gens les plus positifs vivent avec des pensées qui ne conviennent pas à leur santé et à leur bien-être. Cela ne veut pas dire qu'ils le font délibérément mais, comme beaucoup de gens sur Terre, ils doivent grandir en dépassant les façons de penser qui leur ont été inculquées. Enfants, nous nous imprégnons de tout ce qui nous entoure. Nous écoutons nos parents, nos frères et nos sœurs, nos professeurs et nos amis, nous absorbons une profusion d'idées et d'informations sur nous-mêmes, les autres et la nature du monde dans lequel nous vivons. Quelques-unes de ces informations sont bonnes, d'autres non.

Dans l'ensemble, ce que nous apprenons travaille en nous pour notre bien. Même si ces convictions sont négatives ou restrictives, elles nous protègent souvent, en nous aidant à surmonter les mauvais moments. Nous apprenons principalement les meilleurs moyens d'obtenir l'approbation ou l'attention de nos parents. Notre conduite, nos pensées, nos convictions reflètent cela.

Nos attitudes sont acquises dès l'enfance.

En grandissant, nous révisons nos connaissances, nous changeons d'idées et de convictions. Cela fait partie de l'apprentissage de la vie. Nous écoutons les informations, observons l'attitude des personnes de notre entourage, choisissons nos idées et les adaptons aux situations dans lesquelles nous nous trouvons. Il y a tension lorsque nous ignorons la nature des pensées qui nous sont néfastes ou quand nous nous trouvons devant un modèle de pensée ou de conduite qui a été valable jadis, à un moment donné, mais qui ne reflète plus nos besoins, désirs et aspirations.

L'histoire de Sam

Sam, un homme d'environ 35 ans, était venu me voir pour de petites douleurs. Il cherchait constamment à les soulager, mais n'avait plus foi en les traitements qu'il avait expérimentés. Il les interrompait souvent et sa vie n'était qu'une suite d'échecs. Il avait connu une série d'amitiés avortées, de jobs frustrants et d'occasions manquées.

Nous avons fait ensemble un travail de relaxation guidée. J'usai de pensées positives, d'images apaisantes, pour libérer Sam de cette tension, cause de ses douleurs. Sam commença à parler de son enfance et je pus entendre quelques-unes de ses convictions négatives et limitatives les plus profondément enfouies.

Ses parents s'étaient séparés alors qu'il était encore petit. Sa mère éleva seule quatre enfants. L'argent était rare et la mère de Sam avait trop à faire pour avoir le temps ou l'énergie de s'occuper de ses enfants. Comme tous les enfants, Sam aurait voulu des jouets, des bonbons et un peu d'attention. Mais sa mère lui répondait franchement qu'elle n'avait ni le temps ni l'argent pour le satisfaire.

Quand elle en eut assez de ses demandes répétées, elle dit à Sam : « Arrête de réclamer ! Comme tu ne peux pas obtenir ce que tu demandes, cela ne sert à rien de réclamer. On n'obtient pas tout ce qu'on veut ! » Vers l'âge de 7 ans, Sam arrêta de réclamer. Il se replia sur lui-même. Entretenant ses petites blessures, il était parti pour souffrir de petites maladies. Il ne se plaignait pas beaucoup parce qu'il avait appris que cela ne servait à rien de demander. Ce repli sur lui-même contentait sa mère, qui avait enfin la paix. Sam en avait conclu que

ses besoins ne seraient jamais satisfaits.
En prenant de l'âge, il changea évidemment d'idées. Il découvrit qu'il était capable de gagner de l'argent et que le manque de ressources n'était pas un état permanent. Cependant restait en lui la certitude que ses besoins ne seraient jamais satisfaits et qu'il n'était pas convenable de demander quelque chose. Convaincu qu'on ne prêterait jamais attention à lui, il n'entrait en relation qu'avec des femmes qui n'étaient jamais libres quand il avait besoin d'elles et se trouvait souvent entouré d'amis et de collègues aussi peu disponibles.
Plus il se relaxait, plus Sam pouvait parler de son passé et plus il voyait le rapport entre ses souvenirs d'enfance, ses pensées ancrées profondément et les schémas dans lesquels il avait vécu sa vie d'adulte. Il se rendait compte que ses douleurs venaient de ses besoins inassouvis et du sentiment de culpabilité qu'il ressentait d'avoir placé ces besoins au premier plan.
Ensemble, nous mîmes au point quelques pensées positives qu'il utiliserait régulièrement, de façon à lui permettre de vivre des expériences satisfaisantes. Par exemple :

- **Il est sain et facile pour moi de satisfaire mes désirs.**
- **Ma vie est riche et pleine.**
- **Il est sain pour moi de demander ce que je souhaite.**

En parlant de ses expériences et en utilisant des pensées positives pour se créer des convictions nouvelles et saines, Sam se métamorphosait magnifiquement. D'ailleurs, sa vie devenant plus riche et plus satisfaisante, ses douleurs disparurent rapidement.

Les pensées sont de l'énergie

Avez-vous déjà mangé quelque chose qui ne vous convenait pas ? Certains aliments, qui nous restent sur l'estomac, sont capables de provoquer une réaction allergique ou de diminuer notre niveau d'énergie. Si vous mangez beaucoup de ces aliments, votre corps peut s'y adapter, mais ils continueront de vous épuiser, minant votre système immunitaire, causant peut-être à long terme des problèmes de santé. La chose est vraie aussi pour les pensées négatives ou limitatives.

Nos pensées sont de l'énergie. Chacune de nos pensées est unique en qualité et en substance. Nous pouvons imaginer cette énergie comme une charge électrique subtile qui irradie dans chaque cellule de notre corps, créant un champ magnétique autour de nous. Bien mieux, l'énergie de nos pensées possède son propre influx, attirant les énergies semblables ou complémentaires. Ce qui signifie que nos pensées contribuent fortement aux expériences que nous vivons. Cela revient à dire que nous sommes ce que nous mangeons. On pourrait soutenir aussi que nous sommes ce que nous pensons.

Canalisez l'énergie qui est en vous.

Quand une pensée positive nous vient à l'esprit, nous nous emplissons, nous nous entourons de l'énergie positive que cette pensée dégage. L'énergie positive galvanise le système immunitaire, nous maintient en équilibre, nous rend disponibles pour des expériences positives, pour des gens positifs, pour des occasions positives et des solutions saines. De même, des pensées négatives nous envoient une énergie négative qui altère notre santé, notre équilibre et nos expériences. Tout comme les aliments qui ne nous conviennent pas, les pensées négatives épuisent nos batteries. Parfois, elles sont responsables d'une espèce d'indigestion mentale, émotionnelle et physique.

Nous avons la liberté de choix. Lorsque nous sommes à l'écoute de nos pensées, observant leur impact sur notre santé, sur notre vie, nous avons le pouvoir de choisir. Nous pouvons abandonner les pensées négatives, adopter de nouvelles habitudes de penser positivement et apprendre à connaître nos besoins exacts, nos véritables désirs. Il faut s'y exercer patiemment, mais chacun d'entre nous a le pouvoir de se transformer mentalement. Nous sommes tous capables d'adopter de nouvelles pensées, des convictions neuves, positives et saines.

Apprenez à connaître vos désirs.

Transformer ses pensées

Quand nous nous sentons en panne, sans courage, malheureux, dépressifs, il y a toujours quelque chose que nous pouvons tenter : nous pouvons transformer nos pensées. Nous pouvons nous demander : « Quelle pensée est la cause de mon problème ? » ou « Quelles sont les pensées qui influent sur mes sensations, sapant mon énergie et m'arrêtant dans mon élan ? » Nous pouvons apprendre à écouter nos pensées, à observer l'impact qu'elles produisent sur notre existence et choisir de les transformer.

Quand nous sommes malades, nous prenons évidemment le médicament qu'on nous a prescrit, mais ce n'est pas la seule chose que nous pouvons faire. Nous pouvons aussi prendre le temps de noter les pensées qui pourraient être la cause de cet état et les transformer en pensées réconfortantes qui nous aideront à supporter les traitements et, parfois, à guérir plus vite.

Lorsque nous avons des problèmes relationnels, nous pouvons nous demander : « Est-ce ma façon de penser, d'agir, de réagir, qui a pu provoquer ces problèmes ? » La façon dont nous considérons ceux qui nous entourent en général, les personnes de notre sexe, celles du sexe opposé, notre sexualité, notre corps et l'estime que nous nous portons orientent les relations que nous nouons. Si elles ne nous conviennent pas, nous devons penser autrement.

Prenez le temps de faire un bilan.

L'observation de nos pensées, de nos opinions commence par l'écoute du langage que nous utilisons. Quels sont les mots que vous répétez souvent au téléphone, quand vous parlez avec vos parents ou vos enfants, avec votre partenaire, un collègue ou une nouvelle connaissance ? Vous plaignez-vous de l'état du monde ? Critiquez-vous les autres ou vous-même ? Parlez-vous de ce qui vous limite ou manque dans la vie ? Utilisez-vous des mots comme « dur, difficile, fatigant » ? Utilisez-vous des verbes qui expriment la contrainte, comme « falloir, devoir, être obligé » ?

Plus nous nous écoutons parler et plus il nous devient facile de mettre le doigt sur quelques-unes de nos pensées négatives ou limitatives.

Exercice : faites attention à votre langage

Prenez une journée pour observer de près votre vocabulaire. L'essentiel de votre conversation est-il négatif ou positif ? Êtes-vous critique, prompt à juger ou tolérant et compatissant pour vous-même et les autres ? Parlez-vous en pessimiste de la vie, attendant l'échec, ou utilisez-vous des termes réconfortants avec l'espoir d'un succès final ? Dites-vous à quel point la vie est dure ou dites-vous à quel point elle est merveilleuse ?

Si cela peut vous aider, prenez un crayon et notez les mots et les idées que vous exprimez. Vous pouvez aussi laisser un magnétophone en marche et, en oubliant sa présence, vous autoriser à parler naturellement.

Peut-être allez-vous découvrir que ce que vous dites est constamment négatif. Certains sont étonnés, alors qu'ils se croyaient positifs, de voir, grâce à cet exercice, à quel point les mots, expressions et idées qu'ils énoncent peuvent être négatifs ou restrictifs. Même des personnes véritablement positives mettent parfois le doigt sur des schémas de pensée négatifs qu'ils portent en eux depuis l'enfance ou qui viennent d'une période difficile de leur existence.

Si vous ne remarquez pas grand-chose, ne vous inquiétez pas, s'écouter soi-même demande du temps. Repérer ne serait-ce qu'une petite chose peut être le point de départ d'un puissant processus de transformation. Voici une liste de quelques mots et expressions qui peuvent vous aider.

Les mots qui expriment une idée de lutte

Vos parents ont pu vous dire, directement ou indirectement, que la vie était dure. Les enfants répètent ce qu'on leur dit. Si ce vocabulaire est constitué de mots, expressions ou concepts qui expriment la difficulté de la vie, il est probable que notre langage exprimera aussi l'idée profondément ancrée que tout est difficile et qu'il faut lutter.

Les mots qui expriment une idée de lutte sont un fardeau. Ils pèsent lourd, mentalement, émotionnellement et physiquement, nous laissant découragés et en butte aux difficultés dans tous les domaines de notre vie. Ils entretiennent une tension physique qui, dans certains cas, nous laisse sans allant et sans joie. Ils inhibent notre capacité à satisfaire nos désirs et peuvent nous empêcher de créer le bien-être, la prospérité ou la qualité dans les relations humaines que nous désirons tant.

Voici quelques exemples de ces mots, idées ou expressions que beaucoup d'entre nous utilisent :

- Dur
- Difficile
- Pénible
- Lutte
- Labeur
- Crise
- Désastre

N'oublions pas :

« Il m'est difficile d'apprendre de nouvelles choses. »

« Je vais devoir travailler beaucoup pour finir cela. »

« Je suis dans une situation difficile. »
« Je travaille beaucoup, mais cela ne me mène nulle part. »
« Il faut lutter pour arriver à joindre les deux bouts. »
« J'essaie de changer, mais c'est si difficile. »
« Je ne peux pas réussir. »
« Il m'est difficile de changer. »
« Nous sommes en pleine crise. »
« C'est toujours une catastrophe. »

Si nous répétons à longueur de journée combien la vie est difficile, comment pouvons-nous espérer la rendre plus facile ?

Les mots qui expriment la contrainte

Enfants, nous apprenons de notre entourage des mots où il entre une notion d'obligation, de contrainte. Quand on nous dit que nous *devons* faire quelque chose, qu'il va *falloir* vraiment le faire, que cela *devrait* être fait, nous nous créons des contraintes, surtout quand ces mots sont répétés à longueur de journée. Nous héritons ces termes de contrainte de nos parents, qui parlaient constamment de ce que nous, eux ou d'autres devraient faire.

Ces mots créent et renforcent les pensées frustrantes, épuisantes, inhibitrices. Ils nous mettent sous pression et nous poussent à agir sans joie. Le résultat est que nous dépassons souvent nos limites. De toute façon, nous éprouvons un sentiment d'échec, nous ne nous sentons pas bien et pouvons aller jusqu'à nous punir de ne pas avoir réussi.

Les mots qui expriment la contrainte limitent nos choix. Nous en usons pour nous mener trop durement, nous poussant à faire des choses que nous ne voulions pas faire et parfois à nous mettre dans des situations préjudiciables à notre santé. Ils concourent à faire de nous aussi bien des bourreaux de travail que des fainéants et des dépressifs.

Voici quelques exemples de ces mots, idées et expressions que beaucoup d'entre nous utilisent :

- Je dois/Je ne dois pas
- Il faut/Il ne faut pas
- Il faudrait/Il ne faudrait pas
- Je suis obligé de

De même :
« Je dois travailler plus durement pour réussir. »
« Je ne dois pas m'arrêter avant d'avoir terminé. »
« J'ai à finir ça avant de faire ce que je désire. »
« Je ne devrais pas pleurer devant autrui. »
« Je devrais me tenir à mon régime. »
« Je devrais déjà me sentir mieux. »
« Si j'arrive à le faire, tout ira bien. »

Certaines de nos pensées ou de nos paroles contraignantes peuvent nous être bénéfiques. Il est possible que nous tirions profit d'un régime alimentaire, mais c'est la manière dont nous y pensons qui n'est pas saine. Les pensées contraignantes peuvent inhiber, frustrer ou empêcher l'aboutissement de projets intéressants, en les transformant en corvées ou en punitions.

Les expressions qui traduisent la peur

La plupart d'entre nous utilisons un vocabulaire qui exprime la peur, hérité de notre enfance ou emprunté, adapté et créé par nous dans notre vie adulte. Ces expressions où domine la peur créent et renforcent nos craintes intimes. Nous les utilisons pour nous paralyser et nous rendre inactifs et impuissants. La peur est un sentiment naturel, mais ces expressions nous plongent dans un état terrifiant, anormal et malsain.

Le stress et l'anxiété engendrés par de telles formules peuvent atteindre notre système immunitaire, désorganiser notre capacité naturelle à nous protéger psychologiquement et mentalement, augmenter notre tension et nous empêcher de jouir des plaisirs de la vie. L'énergie dégagée par ces pensées peut même nous rendre vulnérables à ce que nous voudrions précisément éviter. Ce à quoi nous résistons persiste !

Voici quelques exemples des expressions que beaucoup d'entre nous utilisent :

« On ne peut faire confiance à personne, aujourd'hui. »
« J'ai une peur bleue de me couvrir de ridicule. »
« Nous vivons dans un monde plein de dangers. »
« Les temps sont dangereux. »
« Les rues ne sont pas sûres, de nos jours. »
« Si les voleurs ne vous volent pas, le gouvernement le fera. »
« Pendant l'examen, je vais oublier tout ce que j'ai appris. »
« Que faire si je me trompe ? »
« C'est épouvantable ! »
« Quel cauchemar ! »

Comme beaucoup d'autres schémas négatifs, ces mots et ces pensées qui traduisent la peur ne sont que de mauvaises habitudes, dont nous pouvons nous débarrasser. Il suffit de le vouloir.

Les attentes négatives et limitatives

Les pensées angoissées ne sont qu'une façon de limiter ce que nous attendons de l'avenir. Notre langage est plein d'expressions et de formules qui révèlent des attentes secrètes d'échecs, de déceptions, de désastres et de faillites. Si nous nous attendons au pire, nous devenons comme un personnage de roman qui porte en lui-même la noire prophétie de sa vie future. Les attentes négatives révèlent que l'on se résigne à la fatalité. Elles nous transforment en victimes d'une tragédie ou d'une péripétie, plutôt qu'en maîtres de notre destinée, capables de prendre en charge notre santé et notre bonheur.

Voici quelques exemples de phrases révélatrices de nos attentes négatives :

« Pourquoi m'en faire, ça ne marchera jamais ! »
« Je serai sûrement déçu. »
« Cela va me rendre malade. »
« Ils seront contents d'être débarrassés de moi. »
« Ça ne peut qu'empirer. »
« Je n'arriverai jamais à gagner de l'argent. »
« Il n'y a rien de bon à en tirer. »
« Il ne faut pas abuser des bonnes choses. »
« Un pas en avant, deux pas en arrière ! »
« Je suis obligé de faire ce travail inintéressant de mon mieux. »
« Ça finira dans les larmes. »

On peut s'imaginer un avenir noir. Pourquoi ne pas en imaginer un qui soit riant ? Modifier son vocabulaire, ses pensées et ses convictions peut transformer santé, bien-être, émotivité, vie relationnelle, carrière, finances et évolution spirituelle.

Vos voix intérieures

Être à l'écoute des mots et des expressions que vous utilisez n'est qu'une clé parmi d'autres pour observer vos pensées. Souvent, dans la journée, nous ne parlons à personne. Profitez de ces moments pour écouter votre dialogue intérieur. Notre mental est en activité constante. Des milliers de pensées nous traversent l'esprit chaque jour. Nous devons être attentifs à ces voix intérieures.

Écouter ses pensées demande de la pratique. Même quand nous sommes seuls, nous pouvons créer assez de bruit et d'activité pour couvrir nos voix intérieures et, parfois, elles font tellement partie de nous-mêmes que nous ne les entendons plus. Beaucoup de nos pensées peuvent être positives, mais, tout comme pour les sentiments que nous exprimons à haute voix, les mots, les expressions et les concepts qui se bousculent dans notre esprit peuvent être négatifs, limitatifs, angoissés ou conflictuels.

Exercice : écoutez vos voix intérieures

Accordez-vous dix minutes de silence pour écouter vos voix intérieures. Assurez-vous d'être seul, décrochez le téléphone, éteignez la radio, la télévision et tout ce qui pourrait vous distraire. L'idéal est de trouver un endroit confortable où vous pouvez vous asseoir bien droit, le corps ouvert et relaxé, les pieds posés fermement sur le sol.

Pour quiconque n'est pas habitué à la tranquillité et au silence, cela peut paraître inconfortable d'être ainsi installé. Pour certains d'entre nous, s'arrêter de courir signifie dormir. Il est donc possible que vous vous sentiez somnolent. C'est pourquoi nous vous conseillons de vous asseoir bien droit sur une chaise. Si vous vous sentez somnolent ou distrait, ramenez doucement votre attention sur ce que vous faites et continuez à écouter vos pensées.

Notez toutes celles qui sont positives. Notez aussi les négatives. Votre esprit bouillonne-t-il ou est-il calme ? Avez-vous des craintes ? Pensez-vous à tout ce que vous devriez être en train de faire ? Vos voix intérieures sont-elles hésitantes, heureuses, angoissées, paisibles ou confuses ? Vous sentez-vous dans une attente négative ou positive ?

Quand vous en aurez terminé avec ces dix minutes de tranquillité, revenez à vos occupations, mais continuez à observer vos pensées. De temps à autre, prenez le temps de vous demander : « À quoi est-ce que je pense à cet instant précis ? » Faites-le le plus souvent possible, au travail, pendant les repas, les pauses, dans votre bain, en faisant les courses, en regardant la télévision, en voyageant, pendant que vous vous déshabillez, en vous préparant au sommeil. Notez vos voix intérieures dès votre réveil. Sont-elles positives ? Sont-elles négatives ? Vous encouragent-elles à rester en bonne santé, à être heureux ? Éprouvez-vous le besoin de les modifier ?

Plus vous pratiquerez l'écoute de vos pensées, plus vous les observerez, plus il vous sera facile de guérir mentalement et d'améliorer votre vie.

Comment modifier ses pensées

Il suffit que notre conscience se penche sur notre existence ou notre comportement pour que nous commencions automatiquement à nous transformer. Quand nous remarquons que certains de nos actes ou de nos paroles peuvent nous être préjudiciables, c'est que nous sommes sur le point de les modifier. Cela est vrai aussi pour nos pensées négatives ou limitatives. Peut-être notre volonté de les observer est-elle le signe d'un début de guérison que nous portons en nous, un aspect de nous-mêmes qui grandit et se transforme sans cesse, indifférent à nos choix conscients.

L'observation est le début d'un processus de transformation comparable au fait d'allumer une torche quand on traverse un endroit sombre. Parce que nous regardons où nous allons et où nous mettons les pieds, nous prenons automatiquement la bonne direction. En éclairant notre chemin, nous avons la matière première avec laquelle nous pourrons, consciemment et radicalement, changer de direction. Si cela ne nous mène pas où nous voulons aller, nous choisirons un autre chemin ou nous en tracerons un autre, nouveau. En observant nos pensées, nous pouvons faire beaucoup pour stimuler, accélérer le changement.

●●●●●●

Observez pour avancer.

Le refus positif

Nous pouvons simplement refuser de penser et de dire des choses négatives ou limitatives. Chaque fois que vous vous surprenez à faire une critique ou à dire quelque chose de négatif, vous pouvez vous interrompre et refuser de continuer. Vous vous rendrez compte que, à plusieurs occasions, il vous sera plus utile de rester silencieux que d'engager une conversation avec quelqu'un qui va déclencher vos pensées négatives.

Vous pouvez interrompre le flot de vos pensées, en les traitant comme des invitations que vous refusez gentiment. Vous pouvez vous dire : « Merci, mais je choisis maintenant d'être positif. »

Si cela peut vous aider, imaginez que l'émission de vos pensées négatives comporte un interrupteur « on, off » et que vous appuyez sur le « off » pour faire quelque chose de plus agréable. Tout comme on arrête un vieux disque qui ne plaît plus pour en écouter un nouveau.

L'amour rayonnant

Le moyen le plus efficace de transformer nos pensées négatives est de les traiter avec amour et compassion. Si nous les haïssons, nous nous rendons nous-mêmes réceptifs à la haine de soi-même et pouvons créer une sorte de conflit interne, un combat et une tension qui vont s'ajouter à notre énergie négative et nous attacher aux modèles que nous voulions précisément fuir.

J'ai entendu certains parler de « combattre » leur négativité ou de « lutter contre » leur maladie. Certes, cela prouve leur courage et leur détermination, mais peut aussi renforcer les habitudes négatives et la maladie. Il nous faut penser en termes de refus poli, de renoncement, de transformation, plutôt que vouloir se débarrasser de notre négativité en détruisant nos pensées négatives et en oblitérant notre maladie. Notre don le plus puissant pour soigner la négativité est notre pouvoir inné d'aimer.

●●●●●●

Ouvrez votre cœur.

Vous pourriez imaginer vos pensées négatives comme des enfants épouvantés ou malheureux, qui ont besoin d'un peu plus d'amour.

Chaque fois que vous vous surprenez à penser ou à dire quelque chose de négatif, arrêtez-vous et imaginez que cette pensée et ce qui s'y attache sont irradiés d'un amour qui les transforme positivement en bonheur. Grâce à l'amour, une pensée angoissée peut devenir positive.

L'amour peut nous transformer.

Certains jours, quand vous estimez que vous avez été particulièrement négatif envers vous-même ou envers votre entourage, un bon conseil : décrochez, le temps de vous reprendre. De même que vous pouvez rassurer un enfant effrayé ou en colère, vous pouvez vous dire : « Tout va bien. Je t'aime et je prendrai toujours soin de toi. »

Remplacer les pensées négatives

Le simple fait de remplacer une pensée négative par une positive est un élément essentiel de toute guérison. Il est évident que, en abandonnant les pensées qui nous sont préjudiciables, nous allons devoir créer un nouveau vocabulaire de pensées positives. Si nous choisissons d'abandonner les pensées qui concourent à notre maladie ou à notre déséquilibre, nous avons besoin d'en adopter d'autres qui nous aident à créer santé, bien-être et succès.

La pensée positive vous fait un cadeau supplémentaire : elle déplace, dissout et rejette automatiquement nos pensées négatives profondes. À force de penser positivement, il n'y a plus de place pour les voix négatives. Cette nouvelle énergie balaye la vieille négativité. Plus nous pensons positivement, plus nous nous débarrassons des vieilles associations d'idées négatives, et l'habitude de la négativité pourra être remplacée par celle de l'amour, de la santé et d'une vision optimiste de l'avenir.

Chaque fois qu'il vous vient une idée négative, stoppez-la avant qu'elle ne s'installe et remplacez-la par une pensée joyeuse et vivifiante. Dans le prochain chapitre, nous apprendrons à choisir et à utiliser le pouvoir de la pensée positive. La plupart de ceux qui ont eu la volonté de soigner leur mental ont été émerveillés par l'impact que leurs nouvelles pensées positives avaient eu sur leur existence et leur bien-être. Il suffit de vouloir améliorer sa vie.

Pour l'instant, répétez l'affirmation positive suivante et utilisez-la dès que vous vous sentez glisser dans vos vieux schémas négatifs :

Mon esprit est rempli de pensées positives et saines.

Maintenant, donnez-vous le temps de balayer toutes ces pensées négatives et limitées...

Visualisation : la chute d'eau

Asseyez-vous confortablement dans un endroit tranquille, décrochez le téléphone et assurez-vous de ne pas être dérangé. Bien adossé sur votre siège, votre corps doit être ouvert et détendu, sans croiser les bras ni les jambes. Vous pouvez vous étendre par terre, mais gardez toujours le corps ouvert, sans vous recroqueviller.

Comme précédemment, je vous invite à vous projeter mentalement quelques images positives. Certains en ont de fortes, d'autres non. C'est suffisant cependant pour vous donner la certitude que cet exercice va vous faire beaucoup de bien.

Pour commencer, respirez profondément, puis imaginez que vous êtes devant une belle chute d'eau par une chaude journée d'été. L'air est pur et frais, une brume de chaleur vous enveloppe. N'oubliez pas que cet endroit possède une qualité particulière, magique : il y a là comme une atmosphère de guérison que vous pouvez presque toucher.

Sous la chute d'eau se trouve un bassin qui vous invite à vous déshabiller pour y entrer. Imaginez-vous marcher dans la fraîcheur de l'eau vers le centre du bassin. L'eau tombe en cascade sur votre corps vibrant et vous vous sentez vivre.

Imaginez que cette eau vous purifie de votre énergie négative. Toutes vos vieilles peurs, vos peines, vos malaises, votre stress se dissolvent doucement. Imaginez aussi que cette eau balaye les vieilles pensées négatives, vous débarrassant des modèles de pensée qui vous empêchent d'être en bonne santé, heureux et léger. Imaginez tous vos conflits et toutes vos angoisses emportés par cette eau claire et magique. Regardez-vous maintenant émergeant de la cascade et marchant vers le bord du bassin, rechargé et rajeuni. Vous sortez de l'eau et vous vous séchez à l'air. Lorsque le moment est venu de vous rhabiller, vous vous apercevez que vos vêtements ont été remplacés par une tenue splendide et merveilleusement agréable à porter.

Refaites cette expérience régulièrement. Pour vous aider, vous pouvez enregistrer votre voix, qui vous guidera, ou bien à tour de rôle, avec un ami, guider la visualisation et vous laisser guider par lui.

Vous pouvez aussi vous représenter vos vieilles pensées négatives disparaître avec l'eau du bain ou de la douche. Chaque fois que vous faites votre toilette, c'est l'occasion pour vous d'oublier le passé et de faire de vous un être propre, frais et positif, à chaque moment nouveau.

L'histoire d'Isabelle

Isabelle vint me voir parce que son couple battait de l'aile. Mariée depuis dix ans, elle se sentait de moins en moins soutenue et aimée, quoiqu'elle fût sûre que son mari tenait à leur union. Elle travaillait à temps partiel, s'occupait des enfants quand ils n'étaient pas à l'école et assurait la plupart des tâches ménagères. Son mari travaillait à plein temps, assurait tous les frais de la maison, mais ne voulait jamais prendre la moindre décision en dehors de son travail et s'absentait souvent quand il y avait des choses à faire dans la maison.

Isabelle souffrait souvent du dos et avait des migraines dont la fréquence augmentait chaque fois qu'elle avait à prendre des décisions importantes ou quand la tension s'accumulait. Elle me répétait constamment que sa vie était dure : « C'est si difficile d'arriver à tout faire » et « C'est si dur de décider mon mari à faire quelque chose à la maison. » Le plus souvent, elle disait : « Il faut vraiment que je me force à le faire moi-même » ou « J'ai du mal à prendre la bonne décision. » Je lui demandai si elle avait parlé à son mari de leur situation et de ses sentiments. « Il m'est difficile, dit-elle, d'en parler, je ne suis pas douée pour ça. »

Je lui suggérai qu'elle était aussi responsable que son mari de la situation et que, si elle voulait sauver leur couple, il lui serait profitable d'y penser autrement et d'ouvrir entre eux de nouveaux espaces de communication. J'ajoutai que tous les deux pourraient tirer bénéfice de séances chez un conseiller conjugal, si son mari était d'accord. Pour commencer, je lui donnai une liste de pensées positives destinées à la rendre disponible à des solutions. En voici quelques-unes :

3 ■ Votre potentiel positif

Les pensées saines sont des pensées permissives. Elles nous permettent d'être nous-mêmes. Quand nous pensons des choses positives et saines de nous-mêmes et de la vie, nous nous permettons la liberté, la joie, le plaisir et la paix intérieure que nous méritons. Une pensée saine permet de s'accepter, de s'approuver et de s'aimer.

N'avez-vous jamais observé un être rayonner merveilleusement de l'intérieur, alors qu'autour de lui il n'y a que confusion, négativité, maladie, disharmonie et conflits ? Dans une certaine mesure, nos sommes tous des êtres beaux et sains intérieurement, mais qui ont été en partie ternis par les problèmes de la vie : maladies, expériences malheureuses et, surtout, pensées négatives ou limitatives.

Les idées saines et positives permettent à l'étincelle de vie qui brille en nous d'être encore plus visible et lumineuse, de façon à ce que notre vraie nature, et non ce fonds négatif, oriente le cours de notre vie. Imaginez un soleil éclatant, partiellement obscurci par un manteau de brume. La lumière du soleil, en dépit du brouillard, continue à irradier, mais elle n'atteindra son plein rayonnement que lorsque le brouillard se sera dissipé. La pensée positive dissipe le brouillard de la négativité, et tout notre éclat créatif peut alors être visible et actif.

Rééduquer le mental

Enfants, nous avons appris à penser d'une certaine façon. Adultes, nous pouvons apprendre à penser différemment. Avez-vous remarqué à quel point les enfants aiment imiter ? L'imitation est à la base de notre éducation. Les expressions, réactions et modèles de comportement nous ont été répétés jusqu'à ce que nous les ayons parfaitement intégrés. Nous les avons laissé s'imprimer dans notre esprit et dans notre for intérieur. En grandissant, nous nous sommes persuadés de ces convictions et nous en avons ajouté d'autres.

La raison pour laquelle nous sommes inconscients de nos modèles de pensée négative est que nous avons appris à nous identifier complètement à eux dès la plus tendre enfance. On comprend ainsi pourquoi ils nous semblent naturels. Ils ont laissé leur empreinte sur notre vision du monde, influant fortement sur l'interprétation que nous donnons de chaque nouvelle expérience. Même les convictions les plus absurdes peuvent nous sembler vraies, simplement parce que nous les avons depuis longtemps.

●●●●●●

Effacez les influences négatives du passé.

Heureusement, s'identifier à une conviction négative ou limitative n'est pas grave. En rééduquant notre mental, nous pouvons la remplacer par une pensée plus saine. Nous pouvons apprendre à nous identifier à des idées qui reflètent notre nouvelle vision positive de nous-mêmes. Nous pouvons effacer les influences négatives du passé et nous

rendre réceptifs à de nouvelles expériences positives. La clé en est très simple : la répétition positive.

Si vous utilisez souvent des mots qui expriment une idée de lutte, si vous vous dites constamment que tout est difficile, trouver les pensées, les expressions, les mots et les comportements positifs pour les remplacer effacera ces modèles négatifs. Au lieu de dire : « Cela va être difficile pour moi » dès qu'une situation stressante se présente, vous pouvez étudier ce qu'on vous propose, penser à de nouvelles solutions et vous répéter : « Cela va me paraître facile. »

●●●●●●

Une clé du succès : la répétition positive.

Ce nouveau comportement permet de mettre en œuvre des solutions qui étaient bloquées par vos pensées négatives. Vous irradiez alors une énergie magnétique qui vous rend plus disponible pour trouver la meilleure façon d'aider, de nouveaux points de vue, de nouvelles méthodes, des voies différentes pour atteindre le même but. Ce sont nos pensées qui nous rendent accessibles à la difficulté ou à la facilité, à la crise ou à de nouvelles possibilités, à la lutte ou à la paix. La répétition des pensées positives transforme profondément nos moyens d'action.

- **Il m'est facile de communiquer.**
- **Il m'est facile de demander de l'aide.**
- **Je suis toujours soutenue quand je prends une décision.**
- **Il m'est facile de satisfaire mes désirs.**
- **La vie me soutient pleinement.**
- **Ma vie est simple et facile.**

Isabelle décida de modifier ses pensées, puis de parler à son mari de ses sentiments et de ses frustrations. Il fut convenu que nous consacrerions la prochaine consultation à faire une répétition des méthodes à employer pour ouvrir le dialogue avec son mari. Je devais l'aider à mettre au point une nouvelle façon de demander ce dont elle avait besoin, sans reproches ni récriminations. Les événements ne tournèrent pas exactement comme nous l'avions prévu.

Isabelle faisait usage de ses nouvelles pensées positives depuis trois jours, lorsqu'elle se retrouva seule avec son mari pendant deux heures, les enfants jouant à côté. Elle ressentit une envie irrésistible de lui parler mais, avant qu'elle ait pu ouvrir la bouche, il lui dit : « Tu vas bien ? Tu sembles vraiment distante ces jours-ci. » Isabelle fondit immédiatement en larmes et ils se mirent alors à parler comme jamais ils ne l'avaient fait auparavant. Deux heures après, lorsque les enfants rentrèrent, ils parlaient toujours.

Son mari ne comprit pas tout de suite ce qu'elle voulait lui dire, mais il l'aimait et se rendait compte que le peu de soutien dont il avait fait preuve n'était pas étranger à sa détresse. Il reconnut qu'il n'avait pas pris effectivement sa part de responsabilités, mais il ajouta que la raison pour laquelle il se dérobait était qu'elle

critiquait constamment ce qu'il faisait et les décisions qu'il prenait. De plus, il l'avait laissé se débrouiller toute seule, parce qu'elle faisait une montagne des tâches les plus simples.
Isabelle continua à utiliser des pensées positives et tous deux s'engagèrent à faire plus de choses ensemble et à prendre le temps de parler. Bien que son mari, au début, eût opposé une certaine résistance, ils allèrent ensemble voir un conseiller conjugal et leur vie de couple s'améliora. Les migraines et le mal de dos d'Isabelle s'estompèrent et elle commença à retrouver la joie de vivre. Il est vrai qu'elle a toujours beaucoup de travail, mais elle est maintenant capable de se détendre et a compris qu'il ne faut pas croire que tout est difficile.

Choisir ses pensées positives

Le choix des pensées positives à utiliser dépendra de vos besoins, de vos désirs et de vos aspirations. Si vous souffrez physiquement, vous aurez besoin de pensées positives qui vous aideront à guérir ou à supporter vos symptômes, et à trouver la cause sous-jacente de votre mal. Si vous ne souhaitez que prévenir la maladie, vous choisirez des pensées positives qui consolideront votre bon état de santé naturel et créeront des attentes de bien-être.

Le pouvoir de transformation des pensées positives est à son plus haut point quand elles sont spécifiquement destinées à contrer, déplacer ou effacer nos modèles de pensée négatifs ou limitatifs. Nos pensées négatives contiennent la matière première de nouvelles pensées positives. Elles nous permettent de trouver des solutions à nos maladies et à nos problèmes.

Les pensées positives les plus efficaces sont celles qui sont exactement à l'opposé des pensées et des convictions que nous portons en nous depuis toujours.

Transformer les pensées de lutte

Avec l'histoire d'Isabelle, nous avons vu comment elle avait commencé à vaincre quelques-unes de ses pensées de lutte et de difficulté grâce à des pensées positives qui ont contré ses vieux modèles négatifs. Voici quelques exemples de la manière de transformer des mots et concepts qui expriment l'idée de lutte.

Les mots « **dur** » et « **difficile** » peuvent être remplacés par « **facile** » :
*« Il m'est **facile** d'apprendre des choses nouvelles. »*
*« Ma vie devient de plus en plus **facile**. »*

Les mots « **crise** » ou « **catastrophe** » peuvent être remplacés par « **occasion** » ou « **défi** » :
*« C'est une bonne **occasion**. »*
*« C'est un **défi** pour moi, mais c'est de plus en plus facile. »*

L'expression « **je ne peux pas** » devient « **je peux** » :
*« **Je peux** réussir ! »*

Le verbe « **essayer** » se transforme en « **faire de son mieux** » :
*« **Je fais de mon mieux** pour changer. »*

« Essayer » est un mot qui ajoute tension et confusion au moment du choix. Il fait naître un sentiment de frustration et d'impuissance.

Soit nous décidons de faire quelque chose, soit nous décidons de ne pas la faire. Si nous ne sommes pas sûrs de réussir, au moins aurons-nous fait de notre mieux.

Transformer les pensées qui expriment la contrainte

Pour transformer ces pensées, la meilleure solution est d'adopter le langage du choix. Nous devons penser nos actions et réactions en terme de choix, que nous pouvons changer s'ils ne nous conviennent plus ou ne sont plus en accord avec notre santé et notre bien-être.

Voici quelques exemples de transformation de mots et de concepts qui expriment la contrainte.

« **Je dois** » et « **je ne dois pas** » deviennent « **je pourrais** » et « **je pourrais ne pas** » :
*« **Je pourrais** choisir d'en faire plus. »*
*« **Je pourrais** choisir de **ne pas** arrêter. »*

« **Je devrais** » devient « **je préférerais** » :
*« **Je préférerais** continuer mon régime. »*
*« **Je préférerais** me sentir mieux, en ce moment. »*

« **Je ne devrais pas** » devient « **je préférerais ne pas** » :
*« **Je préférerais ne pas** pleurer devant les autres. »*

Avec ce dernier exemple, on voit que le langage du choix nous permet d'être ouverts, de nous débarrasser de nos convictions négatives ou limitatives sur le fait de pleurer devant les autres. Nous pouvons apprendre à exprimer nos sentiments et à montrer nos émotions si nous le désirons, plutôt que nous laisser emprisonner dans le carcan d'une pensée comme « je ne dois pas pleurer devant les autres ».

« **Devoir** » se transforme en « **préférer** » :
*« Je **préfère** finir ce travail avant de faire celui que je trouve agréable. »*
*« Je **préfère** trouver une autre solution. »*

Transformer les pensées de crainte

L'expression la plus puissante pour transformer les pensées de crainte est « je suis en sécurité ». Lorsque nous reconnaissons nos peurs, lorsque nous nous rassurons et reléguons nos pensées de crainte, nous nous rendons disponibles à de nouvelles expériences rassurantes. La conviction d'être en sécurité peut nous aider à atteindre nos buts, elle nous remplit et nous entoure d'une énergie apaisante, saine et protectrice, qui nous permet d'être nous-mêmes.

Voici quelques exemples de transformation des pensées de crainte que beaucoup d'entre nous entretiennent.

« **On ne peut faire confiance à personne, aujourd'hui** » peut devenir :
« Il est facile et sans danger pour moi de faire confiance à autrui. »

« **J'ai une peur bleue de me couvrir de ridicule** » peut devenir :
« Je ne risque rien à être moi-même. »

« **Nous vivons dans un monde plein de dangers** » ou « **Les temps sont dangereux** » peut devenir :
« Je suis partout en sécurité. »

« **Les rues ne sont pas sûres, de nos jours** » peut devenir :
« Je suis toujours en sécurité, où que j'aille. »

« **Pendant l'examen, je vais oublier tout ce que j'ai appris** » peut devenir :
« Je suis sûr que je ferai de mon mieux. »

« **Que faire si je me trompe ?** » peut devenir :
« Il est normal de se tromper. »

« **C'est épouvantable !** » et « **Quel cauchemar !** » peuvent devenir :
« C'est un défi, mais je sais que je m'en sortirai » et « Quelle bonne opportunité ! »

Bien sûr, si nous sommes physiquement en danger, il nous faut prendre la bonne décision pour nous en sortir au plus vite. Les pensées sécurisantes agissent à au moins deux niveaux : nous rendant réceptifs à des expériences plus sûres, elles peuvent nous aider à distinguer plus clairement ce qui est sûr de ce qui ne l'est pas et nous permettre de nous sortir de situations potentiellement menaçantes.

Il y a une énorme différence entre se rendre à un rendez-vous professionnel et se trouver face à un individu violent ou grossier, mais, à observer nos pensées et nos convictions, on pourrait croire le contraire. Nos pensées de crainte peuvent transformer les choses les plus simples en dangers menaçants, et notre corps réagit alors par la faiblesse et la maladie. Le choix de pensées saines et positives peut nous débarrasser de l'énergie négative et nous rendre aussi invulnérables que possible en toute circonstance.

Transformer les attentes négatives et frustrantes

Au lieu d'avoir une attitude négative et pleine de suffisance, nous avons besoin d'en créer une positive qui renforcera notre espoir de vivre une vie pleine d'expériences positives, saines et agréables. Nous avons besoin de nous considérer comme les maîtres de notre destin, non pour contrôler chaque aspect de notre existence, mais pour attirer les personnes, les situations et les débouchés qui nous sont bénéfiques.

Voici quelques exemples de la façon de transformer nos attentes négatives ou frustrantes en attentes positives.

« **Pourquoi m'en faire, ça ne marchera jamais !** » peut devenir :
« J'attire toujours le succès. »

« **Je serai sûrement déçu** » peut devenir :
« La vie continue à m'enchanter et à me satisfaire. »

« **Cela va me rendre malade** » peut devenir :
« Je me porte toujours à merveille. »

« **Ils seront contents d'être débarrassés de moi** » peut devenir :
« Je suis aimé et apprécié partout où je vais. »

« **Ça ne peut qu'empirer** » peut devenir :
« Ma vie s'améliore de jour en jour. »

« **Je n'arriverai jamais à gagner de l'argent** » peut devenir :
« Gagner de l'argent est pour moi un jeu d'enfant. »

« Il n'y a rien de bon à en tirer » peut devenir :
« Cela ne peut donner que de bons résultats. »

« Il ne faut pas abuser des bonnes choses » peut devenir :
« Abondance de biens ne nuit pas. »

« Un pas en avant, deux pas en arrière ! » peut devenir :
« Je suis en marche vers des expériences de plus en plus intéressantes. »

« Je suis obligé de faire ce travail inintéressant de mon mieux » peut devenir :
« Ma créativité m'apporte toujours le meilleur de la vie. »

« Ça finira dans les larmes » peut devenir :
« Ma vie est remplie de joies. »

Affirmer son potentiel positif

Les expressions utilisées pour rééduquer notre esprit à penser positivement sont appelées des affirmations positives. Bien des exemples ci-dessous pourraient être considérés comme des affirmations. Ils n'ont pas à être reliés systématiquement à une de nos pensées négatives, mais seulement à être adaptés à nos besoins et à nos désirs.

Nous pouvons utiliser ces affirmations pour nous aider à guérir ou à rester en bonne santé. Voici quelques exemples d'affirmations concernant la santé dont nous pourrions tirer grand profit :

Je suis toujours en bonne santé et équilibré.
Ma vie est pleine d'expériences saines et d'amour.
Mon corps se porte de mieux en mieux chaque jour.

Pour utiliser les affirmations, nous devons nous concentrer sur notre potentiel positif, avoir conscience de nos besoins et de nos désirs et choisir des énoncés positifs qui nous aideront à exprimer ce potentiel. Si nous voulons nous débarrasser d'une maladie, nous affirmons notre bonne santé ; si nous désirons nous sentir bien dans les domaines émotionnel, financier, relationnel ou spirituel, nous devons choisir les affirmations qui nous y aideront.

Exercice : se visualiser en bonne santé

Prenez du recul pour vous pencher sur votre vision personnelle de la santé. Quel est votre état de santé physique, mental et émotionnel ? Comment voudriez-vous qu'il s'améliore ? Si vous êtes en bonne santé, peut-être avez-vous besoin de développer la vision d'une bonne santé permanente ? Si vous êtes malade, peut-être avez-vous besoin d'imaginer les étapes qui vous permettront de retrouver votre pleine forme ? Si vous vous débattez dans un état permanent de malaise, de souffrance, de frustration, de détresse, peut-être avez-vous besoin d'imaginer la disparition de vos symptômes, la diminution de la douleur, pour jouir d'une meilleure qualité de vie. Même si vous souffrez d'une maladie incurable, il peut vous être bénéfique de visualiser votre guérison et de glorifier la santé, la plénitude et la paix de l'esprit. Prenez un papier et un crayon et répondez aussi sincèrement que possible à ces questions :

- **Quel est votre état de santé physique actuel ?**
  Notez tous vos symptômes.

- **Qu'aimeriez-vous voir s'améliorer sur le plan physique ?**
  Soyez précis. Si vous ne voulez plus souffrir, notez-le. Si vous allez bien et voulez continuer ainsi, notez-le.

- **Quel est votre état de santé sur le plan émotionnel ?**
  Que ressentez-vous habituellement dans votre for intérieur ?
  Êtes-vous à l'aise avec vos sentiments ?
  Êtes-vous capable d'exprimer sincèrement vos émotions en toute sécurité ?

- **Que voudriez-vous améliorer quant à votre santé émotionnelle ?**
  Voudriez-vous ressentir les choses différemment ?
  Voudriez-vous être plus heureux ?
  Éprouvez-vous le besoin de ressentir, d'exprimer ou d'équilibrer vos émotions ?

- **Quel est votre état de santé mentale ?**
  Votre esprit est-il clair et équilibré ?
  Pourriez-vous être plus positif ?
  Vous arrive-t-il d'être bouleversé ?
  Avez-vous besoin d'apprendre à couper le contact de temps en temps pour vous détendre ?
  Êtes-vous sujet à la peur et doutez-vous de vos capacités ?

- **Comment aimeriez-vous améliorer votre santé mentale ?**
  Voudriez-vous penser plus clairement ?
  Voudriez-vous apaiser votre esprit ?

Laissez de la place pour ajouter d'autres idées ou pensées qui vous viendraient plus tard. Quand on est sur le chemin de la guérison, avoir les idées claires sur le but à atteindre est important, même si l'on ne sait pas encore comment y parvenir. Ces idées vous aideront à tailler sur mesure les affirmations positives qui vous feront du bien.

Comment créer des affirmations

Pour créer des affirmations qui donnent de bons résultats, voici quelques conseils de base :

- Les affirmations sont toujours exprimées au présent de l'indicatif. Par exemple : « Je crée maintenant... », « Je suis toujours... » Si vous affirmez quelque chose comme si c'était déjà la réalité, votre esprit est prêt à opérer les changements qui vont modifier le cours de votre vie. Tandis que si vous affirmez que quelque chose *va* arriver, vous la projetez dans le futur et c'est dans le futur qu'elle restera, toujours hors d'atteinte.

- Les affirmations courtes et faciles à mémoriser sont les plus efficaces : vous pourrez ainsi les répéter fréquemment. Comme je vous l'ai déjà dit, la répétition est la clé de la rééducation de l'esprit !

- En général, les affirmations positives doivent être axées sur le résultat vers lequel vous tendez, et non sur les situations que vous ne voulez plus vivre. Par exemple, « je suis en bonne santé et détendu » est une affirmation beaucoup plus efficace que « je ne suis jamais malade ni tendu ». Car cette dernière retiendrait votre attention sur le côté négatif, continuant à en faire une réalité dans votre vie.

- Vos pensées négatives ou limitatives sont la matière première à partir de laquelle vous pouvez créer des affirmations positives. Chaque pensée négative contient en germe un changement positif vers le progrès. « Je ne me débarrasserai jamais de ce mal de dos » peut devenir « mon dos n'est jamais douloureux ».

Exercice : créer ses propres affirmations

À l'aide de la liste que vous avez faite de vos besoins concernant votre santé et de la vision d'une future amélioration, créez des pensées positives pour vous encourager. En voici quelques exemples :

PROBLÈMES	VISUALISATION
Mal de dos, mauvaise position, tension dans le bas du dos et dans les épaules.	Être débarrassé de la douleur, se sentir bien, trouver la position correcte.

AFFIRMATIONS

- Mon dos n'est jamais douloureux.
- Je trouve de plus en plus facilement la bonne position.
- Mon dos est toujours souple et musclé.
- Je suis toujours détendu.
- Je peux bouger facilement.
- Mes épaules sont toujours détendues.
- Mes reins ne sont jamais douloureux.
- Je remplis mon dos d'amour et de santé.

Vous remarquerez que ces affirmations sont courtes, écrites au présent de l'indicatif et axées sur le résultat à atteindre plutôt que sur le problème à résoudre. Au lieu d'affirmer qu'on n'a plus mal au dos, on met l'accent sur le confort, la relaxation et la souplesse.

PROBLÈMES	VISUALISATION
Cancer du sein, fatigue, détresse, crainte du traitement à suivre pour le cancer du sein.	Bonne santé physique et émotionnelle, rémission totale du cancer, paix de l'esprit, énergie renouvelée, sentiment d'être plein de vie, traitement rassurant.

AFFIRMATIONS

- Les cellules de mon corps sont saines.
- Mes seins sont en bonne santé et intacts.
- Je remplis mes seins d'énergie curative.
- Mon corps retrouve santé et vitalité.
- Mon énergie se régénère et se renouvelle.
- Je suis en bonne santé, physiquement et émotionnellement.
- J'aime me sentir vivante.
- Je suis toujours traitée avec la plus grande sollicitude et le plus grand amour.
- Les meilleurs traitements me conviennent à merveille.
- Mon traitement est agréable et rassurant.
- Mon esprit est en paix.

On peut trouver beaucoup d'autres affirmations tout aussi efficaces. Pensez-y et faites en sorte qu'elles concernent votre cas particulier.

PROBLÈMES	VISUALISATION
Dépression, léthargie, manque de motivation, de volonté, peur de prendre des décisions.	Joie, motivation et envie de vivre. Volonté bien dirigée et aptitude à prendre les bonnes décisions.

AFFIRMATIONS

- Ce que je ressens est rassurant.
- Je satisfais les désirs de mon cœur.
- Il m'est facile de prendre des décisions.
- Je trouve facilement la bonne voie.
- Ma volonté est toujours claire.
- Je sais que je prends les bonnes décisions.
- Je suis toujours motivé et bien inspiré.
- Ma vie est pleine de joie.
- Mes sensations sont vivantes et joyeuses.

La dépression est souvent décrite comme l'engourdissement des sensations ou leur absence. Les sensations sont intériorisées, reniées ou refoulées parce que nous ne pensons pas avoir la permission de les ressentir ou de les exprimer. Il n'est pas surprenant que nous perdions notre motivation quand nous n'extériorisons pas notre colère, notre joie ou notre tristesse, de peur de ne pas savoir le faire tranquillement. En cas de dépression, ces affirmations peuvent aussi aider :

- Je n'ai rien à craindre de ma colère.
- Je n'ai rien à craindre de ma tristesse.
- Je n'ai rien à craindre de ma joie.
- J'exprime tous mes sentiments avec sincérité et calme.

PROBLÈMES	VISUALISATION
Crampes d'estomac, indigestion, confusion mentale dans les moments de stress.	Un estomac sain, une digestion facile et une pensée claire.

AFFIRMATIONS
- Mon estomac est sain.
- Je digère facilement.
- Je trouve facilement le régime approprié à mes besoins.
- Je réagis bien aux traitements et thérapies appropriés.
- Je suis toujours détendu.
- Ma pensée est claire.
- Mon esprit est toujours positif et clair.
- Je remplis mon estomac de lumière curative.

Quand vous aurez créé vos propres affirmations, assurez-vous qu'elles correspondent bien à vos besoins et aux conseils que je vous ai donnés. Pour commencer, choisissez deux ou trois des affirmations les plus adaptées et lisez-les plusieurs fois, jusqu'à ce qu'elles vous soient familières. Bien sûr, vous pouvez utiliser et tirer bénéfice de toutes les pensées positives que vous avez créées, mais il est préférable d'en choisir quelques-unes que vous pourrez vous répéter où que vous soyez. Voyons maintenant comment nous allons utiliser ces affirmations pour transformer nos pensées et nos expériences.

L'utilisation des affirmations

- Les affirmations peuvent être écrites, imprimées, dites à haute voix, chantées, psalmodiées, murmurées à vous-même devant la glace ou répétées sans cesse dans votre for intérieur. Beaucoup de gens se plaisent à remplir leur maison d'affirmations, parfois écrites ou peintes de couleurs vives, collées sur le miroir de la salle de bain, sur le réfrigérateur, sur les portes, bref là où elles sont le plus visibles. Soyez imaginatif et choisissez le moyen le plus stimulant pour vous.

- Les affirmations fonctionnent à merveille quand on les utilise en association avec la méditation ou l'exercice physique. En choisissant une ou deux affirmations et en vous les répétant mentalement, au rythme de votre respiration ou pendant que vous faites un exercice qui vous est familier, elles peuvent devenir une seconde nature. En marchant, vous pouvez aussi répéter ces affirmations au rythme de vos pas.

- Vous pouvez facilement enregistrer ces affirmations et les écouter en méditant, en vous relaxant, en prenant un bain, en faisant le ménage, en allant travailler ou à n'importe quel autre moment. Faites enregistrer par un ami ou un membre de votre famille une série de pensées positives. Demandez-lui d'y prononcer de temps à autre votre nom, pour que cet enregistrement soit le plus personnalisé possible. Ce sera encore mieux si vous enregistrez votre propre voix énonçant les affirmations et n'hésitez pas à prononcer votre nom. Par exemple : « Moi, David, je suis toujours en bonne santé et heureux » ou « Janine, tu es toujours en sécurité et protégée. » Pourquoi ne pas créer une collection de cassettes de ce genre ?

- Même s'il est merveilleux de réserver un moment chaque jour, ou tous les deux jours, pour vous concentrer sur vos affirmations, vous ne devez pas les considérer comme une obligation supplémentaire dans votre emploi du temps surchargé. L'idéal est d'en faire une partie intégrante de votre vie. Vous pouvez les répéter sur le chemin du travail et au retour, en préparant le dîner, en faisant le ménage ou votre toilette. Peut-être le meilleur moment est-il avant de vous coucher et juste avant de vous lever. L'esprit est alors réceptif, et vous pouvez influer sur la qualité de votre sommeil et l'humeur de la journée à venir. Par la suite, les pensées positives seront là dès votre lever, pour vous souhaiter une bonne journée.

- Les meilleures affirmations sont celles qui vont à contre-courant de vos pensées habituelles ou qui diffèrent beaucoup de ce qui vous semble vrai aujourd'hui. Par exemple, si vous êtes malade, il va vous paraître étrange d'affirmer : « Je suis toujours en parfaite santé. » Pourtant, c'est probablement une des affirmations positives les plus appropriées. Bien sûr, vous devez prendre conscience de votre maladie et choisir les traitements appropriés, mais l'affirmation de votre bonne santé vous aidera à guérir et amplifiera l'action des traitements que vous avez choisis.

- Soyez patient avec vous-même. Vos nouvelles pensées positives peuvent sembler étranges au début, et même fausses ou factices, parce qu'elles créent un nouveau modèle de pensée totalement opposé aux schémas négatifs ou limitatifs qui vous sont familiers. Pénétrer dans un territoire nouveau et positif peut sembler irréel, et même redoutable.

- N'oubliez pas que la clé pour rééduquer votre esprit est la répétition. Plus vous répéterez vos affirmations, plus elles vous feront de bien. Il est bon de choisir celles que vous préférez et de vous les rappeler où que vous soyez, tandis que, dans le même temps, vous en introduisez de nouvelles qui se rapportent à un besoin particulier. Vous n'aurez jamais trop de pensées positives, mais, pour débuter, il vaut mieux en mémoriser un petit nombre, plutôt qu'une liste interminable que vous êtes susceptible d'oublier.

- Les affirmations sont censées être agréables. Jouez avec elles, expérimentez-les et trouvez le moyen de les utiliser en vous amusant.

Continuez à passer en revue vos besoins, élargissez votre vision de guérison et utilisez les affirmations appropriées. Le processus de rééducation de l'esprit est progressif et permanent. Il est toujours profitable d'affirmer ce que vous désirez.

4 ■ L'intelligence de votre corps

Notre corps a une capacité de guérison extraordinaire. Pendant la nuit ou dans la journée, quand nous sommes occupés aux tâches quotidiennes, notre corps digère, assimile les aliments, élimine les déchets, absorbe l'oxygène de l'air et régénère sans cesse nos cellules. Notre corps doit faire face à beaucoup de choses, depuis les infections jusqu'aux foulures, depuis les coupures jusqu'aux contusions, qui, dans bien des cas, se résolvent toutes seules. Notre corps sait comment guérir et se régénérer, il possède sa propre intelligence.

Même en cas d'invalidité ou de dysfonctionnements de longue durée, l'intelligence du corps est encore capable d'assumer un nombre incroyable d'opérations compliquées. Quel que soit notre état de santé, nous récupérerons plus vite si nous écoutons notre corps et collaborons avec lui.

Les obstacles que nous dressons

Peut-être le défi le plus important auquel le corps doit faire face dans son travail de régénération vient-il de l'intérieur. Nous avons appris à empêcher la capacité naturelle du corps à guérir, à entraver ses fonctions normales et à perturber son rythme naturel. La façon dont vous pensez votre corps et dont vous le traitez l'empêche souvent de fonctionner aussi efficacement qu'il le peut.

Souvent, nous sommes devenus étrangers à notre corps. Imbus de notre aptitude à penser logiquement, à emprunter des voies rationnelles, sans tenir compte de notre intuition et de notre conscience, nous nous coupons de la plupart des signaux d'alerte que nous recevons. L'intelligence est surtout associée à l'intellect ; nous avons oublié que notre corps possède sa propre intelligence. La comprendre, l'écouter, apprendre à la connaître et lui répondre constituent des actes essentiels vers la guérison.

●●●●●●

Soyez à l'écoute de votre corps.

Beaucoup d'entre nous ont appris à haïr leur corps. Nous lui envoyons des messages de dégoût, de mépris et de défiance. Nous avons appris à avoir peur de notre sexualité, à mépriser notre apparence et à critiquer notre corps pour ses faiblesses, plutôt que de reconnaître ses forces. Nous disons des choses comme : « Je déteste mes jambes », « Je ne peux faire confiance à mon corps » et « Je n'aime pas mon apparence. » Sans parler de l'énergie négative qui se dégage de ces pensées, nous envoyons à notre corps des messages spécifiques, auxquels il répond. Et nous nous étonnons qu'il réponde parfois par de la faiblesse, du déséquilibre et des troubles ?

Nous maltraitons notre corps en ingérant de l'alcool, de la nicotine et autres drogues douces et nous nous attendons à ce qu'il réagisse comme si de rien n'était. Le plus remarquable est qu'il réagit souvent bien, faisant un effort incroyable pour s'adapter aux effets pernicieux de ces substances, allant jusqu'à les éliminer. Cependant, plus nous en abusons, moins le corps les supporte, jusqu'à ce qu'une de nos fonctions s'affaiblisse ou tombe complètement en panne. Heureusement, dès que nous arrêtons ou réduisons nettement notre consommation de drogues douces, notre corps commence à se régénérer de lui-même.

Nous maltraitons notre corps avec la nourriture. Nous mangeons trop ou trop peu, irrégulièrement ou à des heures bizarres. Nous mangeons trop de conserves, de plats tout préparés, que notre corps ne supporte pas. Je ne crois pas qu'il existe un régime idéal pour tout le monde. Chacun d'entre nous est unique et chaque corps a ses besoins spécifiques, son rythme propre. Un régime excellent pour l'un ne convient pas à l'autre. Outre cela, notre corps peut éprouver, à chaque âge de la vie, des besoins différents. Nous avons intérêt à être à l'écoute de ces besoins, à observer l'effet d'un nouvel aliment, à manger ce que notre corps réclame et à adapter nos habitudes et notre style de vie en fonction de cela.

Votre alimentation est-elle adaptée à votre bien-être ?

En règle générale, nous sommes plus aptes à rester en bonne santé lorsque nous prenons nos repas à des heures régulières et mangeons une nourriture saine et naturelle, plutôt que des conserves ou des surgelés. Nous devons préférer les légumes et les fruits frais, manger des aliments crus et des aliments cuits en quantité égale et éviter d'abuser des fromages, de la viande rouge et du sucre industriel. Même la façon dont nous pensons à notre alimentation peut avoir des conséquences. Si nous y pensons d'une façon positive avant de l'ingérer, notre corps y réagira plus sainement. Remarquons cependant que ces indications ne sont pas valables pour tout le monde. Rien ne remplace l'expérience personnelle.

Nous n'entraînons pas assez notre corps ou alors nous l'entraînons mal, en le poussant à dépasser ses limites avec des exercices qui ne sont pas naturels. Il est aussi malsain de mener une vie inactive que de la brûler par les deux bouts. Il est profitable d'alterner les exercices physiques peu fatigants et plus vigoureux. La marche est excellente. Les méthodes orientales comme le yoga ou le taï-chi sont irremplaçables, quand elles sont correctement enseignées. La nage améliore l'endurance et la capacité pulmonaire. L'aérobic et la musculation sont à recommander, à condition qu'elles soient convenablement surveillées et faites à un rythme raisonnable. Comme pour les régimes, seule l'expérience nous dira ce que veut exactement notre corps.

●●●●●●

Pratiquez-vous un sport ?

Je crois beaucoup à l'association de la médecine traditionnelle et des nouvelles thérapies, et à l'usage de traitements adaptés à nos besoins spécifiques, mais j'ai remarqué que beaucoup d'entre nous avaient tendance à chercher des complications plutôt que de donner à leur corps ce qu'il désire vraiment. Combien d'entre nous prennent une pilule pour tenir le coup, alors que leur corps ne demande qu'un peu de repos ? Bien souvent, nous prenons un médicament pour nous débarrasser de nos symptômes, au lieu de nous occuper de la maladie qu'ils annoncent.

Plusieurs des médicaments que nous absorbons aujourd'hui empêchent notre système immunitaire de réagir efficacement contre le déséquilibre ou l'infection. Certains médicaments ont ce que l'on appelle des effets secondaires, qui viennent s'ajouter à la maladie que notre corps doit combattre. Je ne dis pas que ces médicaments ne sont pas valables, en l'occurrence – la science médicale a développé des traitements qui auraient semblé miraculeux il y a seulement cinquante ans –, mais nous devons en faire usage avec prudence et éviter de « bombarder » notre corps d'antibiotiques à la moindre occasion.

Votre corps a besoin d'attention.

Combien de fois vous êtes-vous plaint de votre corps, l'avez-vous méprisé ou négligé ? Lui avez-vous seulement accordé un instant, alors qu'il réclamait de l'attention pour le soigner ? De la même façon que nous entravons la capacité naturelle de notre corps à se soigner lui-même, nous pouvons inverser le processus et aider l'intelligence du corps à fonctionner le plus efficacement possible. Nous sentir coupables des abus que nous avons fait subir à notre corps ne nous aide en rien. Nous avons besoin d'être en accord avec nous-mêmes, sans tenir compte des erreurs du passé, et de commencer à faire des choix positifs sur la nouvelle façon de cohabiter désormais avec notre corps.

Apprendre à aimer son corps

Le meilleur moyen de modifier nos habitudes est de commencer par apprendre à penser à notre corps d'une façon différente. Un corps auquel nous pensons et dont nous parlons avec amour est plus à même de répondre d'une façon saine et équilibrée. Au lieu de continuer à vous plaindre d'être trop gros ou trop maigre, à détester vos jambes, à vous trouver trop grand ou mal proportionné, vous pouvez transformer cette énergie négative en une énergie positive qui vous aidera à rester en bonne santé. Au lieu de passer votre temps à vous appesantir sur les défauts de votre corps, penchez-vous plutôt sur ses qualités et concentrez votre énergie sur ce qu'il fait bien.

Ce sur quoi nous portons notre attention croît. Si nous pensons constamment que notre corps n'est pas fiable, qu'il est laid et odieux, nous contribuons à un processus de déséquilibre et de détérioration. Si, au contraire, nous reconnaissons les changements que nous voudrions apporter à notre physique tout en aimant et en acceptant notre corps tel qu'il est, si nous le louons pour toutes les fonctions qu'il accomplit à merveille, si nous faisons de notre mieux pour en prendre soin, nous contribuerons significativement à sa santé, à son bien-être et à sa beauté.

●●●●●●

Acceptez votre différence.

Je ne crois pas que nous soyons tous destinés à avoir une certaine taille, une certaine silhouette ou un certain poids, avec les mêmes aptitudes physiques. Nos corps sont différents les uns des autres, chacun d'entre nous est unique, mais nous avons tous une chose en commun : quand nous apprenons à aimer et à prendre soin de notre corps, nous améliorons sa capacité à fonctionner correctement. Certains d'entre nous sont plus gros que d'autres, certains naissent avec des handicaps qui ne disparaîtront pas, mais le regard que nous portons sur notre corps et notre attitude à son égard peuvent le transformer. Nous pouvons aider notre corps à atteindre son poids idéal, à étendre sa capacité de mouvements, à rester détendu, sans douleur et à nous donner du plaisir.

L'histoire de Christine

Christine avait participé à deux de mes conférences sur la guérison et le développement personnel. Elle était belle, portait une longue chevelure resplendissante, avait un visage ouvert et un sourire éclatant. Bien que pesant vingt-cinq kilos de plus que son poids idéal, elle avait beaucoup d'allure et rien n'indiquait qu'elle n'était pas bien dans sa peau. Pendant les conférences, mon associé Justin Carson et moi-même avions beaucoup insisté sur l'importance d'apprendre à s'aimer et encouragé nos auditeurs à utiliser des affirmations, des visualisations et autres méthodes pratiques pour renforcer la relation la plus importante que chacun de nous entretient, c'est-à-dire la relation d'amour que nous créons avec nous-mêmes. Christine partageait entièrement ces idées.

C'était une personne réservée, dont la présence apaisante était très appréciée et recherchée. J'avais l'impression qu'elle ne savait pas combien elle était belle et adorable, mais elle était avide d'apprendre à s'aimer davantage. Durant tout le temps qu'elle passa avec nous, elle devenait plus rayonnante, à mesure qu'elle s'imprégnait des messages positifs qu'elle avait créés pour elle-même.

Je ne revis pas Christine pendant deux ans. Un jour, à ma grande surprise, elle me téléphona pour convenir d'une séance de prescriptions et de conseils. Elle me dit qu'elle avait obtenu de merveilleux changements dans sa vie et qu'elle revenait « faire le plein », avant de s'engager au niveau supérieur. Lorsqu'elle arriva pour notre

rendez-vous, je fus stupéfait. Elle était toujours la même belle femme que j'avais connue, mais elle était encore plus rayonnante et avait perdu ses kilos superflus.
Christine me raconta ce qui lui était arrivé. Elle n'avait suivi aucun régime ni traitement pour perdre du poids. En revanche, elle avait continué à affirmer qu'elle s'aimait telle qu'elle était et avait pris peu à peu confiance en elle. Plus elle s'aimait et s'acceptait telle qu'elle était, plus elle était heureuse et perdait du poids. Ses habitudes alimentaires s'étaient améliorées sans qu'elle ait eu à se priver. Il n'y avait que quelques aliments qu'elle ne voulait plus manger autant qu'avant. Il lui était devenu plus facile d'être à l'écoute des besoins de son corps. Aimé et accepté par elle, le corps de Christine avait trouvé son propre équilibre.
La cause du surpoids n'est pas nécessairement le fait de trop manger. Plusieurs des personnes trop grosses que je connais et que j'aime mangent beaucoup moins que des personnes plus minces. Il existe de nombreuses explications à la prise excessive de poids, dont le métabolisme hérité de nos parents, les convictions qu'on nous a inculquées et les expériences de notre enfance. Le poids des pensées négatives, des émotions refoulées, des peurs cachées et des passions étouffées peut contribuer à nous faire grossir. Certains d'entre nous se sentent mieux dans leur peau avec un léger surpoids. Pour Christine, lorsqu'elle développa sa relation d'amour et de paix avec son corps, il lui fut facile de trouver son équilibre naturel.

Comment aimer son corps

Modifier son regard sur son corps fonctionne exactement de la même façon que modifier ses pensées négatives ou limitatives. Nous devons être à l'écoute de nous-mêmes, observer nos schémas négatifs et choisir de les remplacer par d'autres positifs, qui vont nous encourager. Modifier nos pensées négatives sur notre apparence et nos aptitudes physiques nous aidera à adapter notre comportement, pour traiter notre corps avec l'amour et le soin qu'il mérite. Voici quelques conseils :

- Refusez de comparer votre corps aux autres. On nous dit souvent qu'il faut observer d'un œil critique son apparence en la comparant aux autres. Nous apprenons à regarder autrui en faisant des comparaisons avantageuses ou non, qui dépendent de la façon dont nous estimons notre apparence et nos capacités. Il y a toujours quelqu'un de plus beau, plus élégant, plus gros, plus mince, plus fort, plus agile ou plus apte que nous. Le résultat final est que nous nous sentons mal dans notre peau et que nous prenons notre corps en aversion.

Votre corps est unique. Si vous refusez les jugements et les comparaisons, vous vous permettez de profiter de la beauté et de la lumière de votre corps, vous l'encouragez à acquérir plus de santé et de force.

- Regardez votre corps nu dans un miroir et observez vos pensées et vos réactions. Êtes-vous tout de suite critique ? Vous détournez-vous le plus vite possible de votre image ? Êtes-vous inquiet, angoissé ou déçu, lorsque vous examinez certaines parties de votre corps, comme les cuisses, les bras, vos rides, vos boutons ou votre jambe handicapée ?

Regardez-vous avec autant d'amour que vous le pouvez. Parlez à votre corps avec des mots d'amour et de respect. Même si, la première fois, cela semble étrange et même insensé, vous allez tirer bénéfice de ce regard sur votre reflet et de ces mots :
J'aime mon corps.
J'aime ma poitrine, mes bras, mes cuisses, ma peau, etc.
Je demande à mon corps de rester en bonne santé.
Je remercie mon corps d'être en bonne santé.

- Apprenez à vous toucher avec tendresse et amour. Ne vous frappez pas, même en plaisantant, car cela pourrait évoquer en vous d'anciens clichés de pensées et de comportements. Touchez-vous et contemplez-vous comme si vous étiez le joyau le plus précieux du monde. La vérité est que vous l'êtes !

- Apprenez à penser positivement à votre sexualité. La plupart d'entre nous ont engrangé leur vie durant des idées négatives sur le sujet. Peut-être avons-nous appris à craindre notre corps et les émotions sexuelles que nous éprouvons. Peut-être tenons-nous de nos parents cette gêne à parler du sexe ou cette culpabilité à jouir de notre corps. Voici quelques affirmations qui vont vous aider à apprécier votre sexualité.

Les affirmations pour aimer son corps

J'emplis et enveloppe mon corps d'amour.
Je baigne mon corps dans l'amour et l'acceptation.
J'ai confiance en mon corps.
J'écoute mon corps avec amour et tendresse.
Je laisse mon corps me guider vers la santé parfaite.
Je jouis des plaisirs de mon corps.
Mon corps assume aisément son état de santé naturel.
Ma silhouette et ma taille sont toujours parfaitement en accord avec ma santé et mon bonheur.
J'accepte mon corps et je lui fais confiance pour se soigner tout seul.
Ma sexualité ne me fait courir aucun danger.
Je jouis de la sensualité de mon corps.

Dix façons d'aimer son corps

Voici quelques moyens simples pour donner amour et attention à votre corps. Quelques-uns vous coûteront un peu d'argent, mais ils vous aideront tous à soulager votre stress, à vous débarrasser de votre énergie négative et à vous maintenir en bonne santé.

1. Massez-vous pieds et mains avec douceur, en utilisant un peu de crème, de lotion ou d'huile. La tension s'accumule particulièrement à ces endroits. En caressant la peau, en faisant des mouvements circulaires avec le bout des doigts ou les pouces et en fléchissant doucement doigts et orteils, vous pouvez expulser cette tension de votre corps, pour y faire pénétrer une sensation de bien-être et de paix. Un livre ou un cours sur le massage peut vous être utile. Il en existe beaucoup.

2. Prenez un bain comme dans les films. Quand nous offrons-nous le luxe d'un vrai bain de mousse ? Je pense que nous en avons besoin au moins une fois par semaine, pour le plaisir et la détente. Il peut être bouillonnant ou adouci d'huiles essentielles. Comme dans les films, éclairez convenablement la salle de bain et entourez-vous de quelques accessoires bien choisis. Pourquoi pas des bougies, des cristaux et des fleurs ? Vous pouvez aussi écouter une musique apaisante et, pour plus de plaisir, inviter un ami !

3. Prenez des rendez-vous réguliers avec un masseur, un réflexologue, un aromathérapeute ou une esthéticienne. Se soigner et se dorloter régulièrement sont les antidotes nécessaires aux stress de la vie moderne. Si vous ne pouvez vous offrir des séances régulières, faites équipe avec un ami, un membre de votre famille ou votre partenaire pour vous faire mutuellement des massages et vous dorloter. Vous pourrez même vous échanger différentes pratiques de soin.

4. Sortez vous promener. Choisissez avec soin des coins tranquilles et beaux : ils auront une influence bénéfique sur vous. Marcher est un exercice qui aide à bien des fonctions naturelles du corps, et le faire régulièrement donne de l'énergie.

5. Respirez profondément et contrôlez votre respiration. La respiration est à la base de votre santé et de votre bien-être. Ralentir et approfondir consciemment votre respiration peut améliorer la qualité de votre vie et même la prolonger. Si vous vous apercevez que votre souffle devient court, prenez cinq à dix minutes pour faire ceci : placez une main sur votre estomac et l'autre sur votre poitrine, pour vous assurer que vous emplissez et que vous videz vos poumons correctement. Puis inspirez en comptant jusqu'à 8 et expirez en comptant jusqu'à 8, 10, 12 et même plus, en ralentissant consciemment votre expiration.

6. Faites de petits sommes de dix minutes. De courts moments de sommeil ou de méditation dans la journée procurent à votre corps le temps de se recharger et de se rééquilibrer. Si vous êtes au travail, dix minutes de repos complet au moment du repas, sans manger, parler ou marcher, peuvent diminuer votre niveau de stress et accroître votre énergie. Si vous travaillez à la maison, il serait bon de vous mettre au travail plus tôt le matin, pour faire un petit somme l'après-midi, quand votre niveau d'énergie est au plus bas.

7. Utilisez votre voix. Notre voix possède son propre pouvoir curatif. Quand nous chantons, bâillons bruyamment ou fredonnons, nous libérons nos émotions, déchargeons nos tensions et baignons notre corps dans la vibration de notre voix unique. Ne laissez personne vous convaincre que vous ne pouvez pas chanter, trouvez votre voix. Elle n'a pas à plaire à autrui, elle n'est destinée qu'à votre propre plaisir et bien-être. Vous pourriez vous chanter vos affirmations positives !

8. Buvez beaucoup d'eau pure et fraîche et mangez des légumes crus et frais. Notre corps étant essentiellement composé d'eau, il est évident qu'il faut la renouveler, afin qu'elle puisse le nettoyer de toutes les toxines accumulées. Un des nombreux avantages d'une alimentation où légumes et fruits frais et crus dominent est qu'ils contiennent beaucoup d'eau. Celle-ci n'a pas été extraite par cuisson ou par procédé industriel. L'eau nettoie les reins et les aide à fonctionner efficacement. Cependant, il est préférable de boire en dehors des repas ; boire en mangeant peut perturber la digestion.

9. Dansez, étirez-vous et bougez. Oubliez tout ce qu'on vous a appris au sujet de la danse, abandonnez ces préjugés et laissez votre corps bouger spontanément. Même si vous ne pouvez bouger qu'une petite partie de votre corps, faites-la danser. Commencez par vous étirer doucement puis, avec ou sans musique, permettez à votre corps de trouver son propre style de mouvement. Danser c'est la vie, bouger c'est vivre !

10. Arrêtez-vous quand vous êtes fatigué. Cela peut sembler plus facile à dire qu'à faire, surtout si vous avez la charge d'une famille, une profession à plein temps et de nombreuses responsabilités. Quand nous allons jusqu'à l'épuisement, nous exigeons de notre corps beaucoup plus que de supporter une simple fatigue. Plutôt que de nous reposer, nous nous suralimentons, fumons davantage ou buvons plus d'alcool pour compenser le besoin que nous ignorons. Rappelez-vous que, en vous arrêtant lorsque vous êtes fatigué aujourd'hui, vous gardez une meilleure santé et une plus grande énergie pour accomplir aisément et efficacement les tâches qui vous attendent demain.

Je suis sûr que vous trouverez bien d'autres moyens pour traiter votre corps avec amour et attention. Ce n'est que le commencement de la nouvelle et merveilleuse relation que vous créez avec vous-même !

Apprendre à écouter son corps

Le choix d'un régime approprié, d'un programme d'exercices physiques, de traitements et de remèdes permet d'apprendre à écouter son corps. Cela demande de la pratique, car nous avons intégré des modes de vie, des convictions et des modèles de comportement qui bloquent les messages que nous transmet notre corps et nous tiennent dans l'ignorance. Ces messages peuvent être subtils et intangibles, en comparaison de l'information que nous traitons dans notre cerveau, mais ils sont puissants et peuvent nous dire beaucoup de choses relatives à notre santé et à notre bien-être.

Lorsque nous sommes véritablement à l'écoute de notre corps, nous arrivons à capter plus facilement les premiers signes d'un déséquilibre. Forts de cette information, nous pouvons adapter notre comportement ou notre style de vie pour prévenir la maladie ou des problèmes plus graves. Par exemple, reconnaître que l'on est fatigué et prendre du repos lorsque notre corps le demande, sans attendre que nos réserves physiques soient épuisées.

Nous avons également appris à ignorer les messages qui viennent de notre estomac. Certains travaillent toute la journée sans manger quoi que ce soit, alors que leur estomac crie famine. La plupart d'entre nous continuent à manger alors qu'ils n'ont plus faim, ignorant les signaux qui annoncent la satiété, allant même parfois jusqu'à la nausée. Nous pouvons aussi manger simplement par habitude, ou pour des raisons émotionnelles, étouffant ainsi les sentiments de peur, de colère, de joie et de passion, plutôt que de les reconnaître. Nous mangeons aussi souvent pour la satisfaction immédiate que cela procure.

Votre corps a une mémoire.

Quand nous sommes à l'écoute de notre corps, nous apprenons à détecter les causes émotionnelles, mentales ou spirituelles de nos problèmes physiques. Une douleur physique, par exemple, peut nous dire que quelque chose ne va pas physiquement, mais elle peut aussi pointer une souffrance émotionnelle inexprimée que nous devons reconnaître et exprimer.

L'intelligence du corps est vraiment extraordinaire. Il garde en mémoire tout ce qui nous est arrivé. Il conserve le souvenir des moments de joie ou de peine, des sensations et des actions, des expériences et de leurs conséquences. Il garde une empreinte qui ressemble à une photographie en trois dimensions. Une des façons de travailler avec l'intelligence du corps, d'écouter ses messages et de soigner les empreintes mentales, émotionnelles et spirituelles du passé est d'entrer dans « l'esprit de votre corps ».

Visualisation : l'esprit de votre corps

Comme il s'agit d'une visualisation détaillée, vous pouvez la lire plusieurs fois avant de commencer. Vous pouvez aussi enregistrer votre voix pendant l'exercice, puis vous écouter, devenant ainsi votre propre guérisseur et votre propre guide, en vous connectant à la sagesse naturelle de votre corps.

Asseyez-vous confortablement dans un endroit tranquille, décrochez le téléphone et assurez-vous de ne pas être dérangé. Bien adossé sur votre siège, votre corps doit être ouvert et détendu, sans croiser les bras ni les jambes. Vous pouvez vous étendre par terre, mais gardez toujours le corps ouvert, sans vous recroqueviller.

Posez doucement une main en haut de l'estomac pour sentir votre abdomen se soulever et s'abaisser quand vous respirez. Demandez à votre corps de respirer profondément et assurez-vous que l'air que vous inspirez emplit bien vos poumons de bas en haut. Ralentissez votre respiration, qui doit rester pleine et profonde sans effort.

Tout en respirant profondément, concentrez-vous sur votre tête et imaginez-vous résidant dans votre esprit, à l'endroit où vous élaborez vos pensées conscientes et vos raisonnements. Vous pourriez l'imaginer comme un lieu créatif et excitant, où les pensées passent à toute vitesse comme les rayons colorés d'une lumière électrique. Sachant que vous pouvez tranquillement revenir quand vous en avez besoin, sortez de votre tête et concentrez votre attention sur votre respiration et votre corps.

Prenez quelques minutes pour observer les sensations et les sentiments que vous éprouvez. Êtes-vous tendu ou relaxé ? Vous sentez-vous à l'aise ? Avez-vous mal quelque part ? Votre corps est-il plein d'énergie ou vous sentez-vous fatigué ? Observez simplement, sans porter de jugement, avant de diriger votre attention sur votre abdomen et d'imaginer que, au centre de vos intestins, se trouve « l'esprit de votre corps », le siège de votre intelligence physique.

Imaginez-vous entrant dans l'esprit de votre corps, sachant que vous y êtes en sécurité. En cette partie de vous-même se trouvent toutes les clefs de votre santé physique et de votre bien-être, tous les messages qui vous disent comment rester équilibré, tous les souvenirs physiques et émotionnels et toutes les solutions à vos problèmes de santé. Dans l'esprit de votre corps, il existe une partie de vous qui est toujours en bonne santé, toujours équilibrée, toujours sage. En respirant, vous élargissez cette partie de vous-même, augmentant et fortifiant votre conscience de ce qui vous permet d'être en bonne santé, heureux et plein d'énergie.

À quoi ressemble l'esprit de votre corps ? Il peut apparaître comme un beau jardin, un palais magnifique ou un océan bleu et profond. Si c'est un jardin, cherchez les endroits qui ont besoin d'être nettoyés ou replantés, et représentez-vous en train de faire ce travail. Si c'est un palais, il peut y avoir des chambres à rénover ou à ranger, imaginez que vous le faites. Un océan bleu et profond peut aussi avoir besoin d'être nettoyé pour le débarrasser de tous les détritus et le remplir de poissons multicolores et de plantes luxuriantes. Quelle que soit l'image que vous donnez à l'esprit de votre corps, imaginez qu'il devient plus propre, plus brillant, plus fort et plus beau.

Imaginez que, en prenant le temps de respirer profondément et de fixer votre attention sur votre corps, vous libérez un pouvoir puissant mais doux de guérison, qui reste à votre disposition à l'intérieur de vous-même. Chaque respiration vous relie de mieux en mieux à votre pouvoir de guérison et augmente votre conscience de ce dont votre corps a besoin pour rester en bonne santé, actif, énergique et à l'aise. Demandez à votre corps de vous renseigner sur ce qui peut être bon pour vous actuellement. Que pourriez-vous faire pour maintenir votre santé et votre bien-être ? Notez toutes les idées, les sentiments et les réponses que vous obtenez.

Vous pouvez passer une heure ou plus à faire cet exercice, mais il serait préférable de n'y passer que cinq à dix minutes régulièrement. L'avantage d'une plus longue visualisation est qu'elle peut faciliter un puissant processus de guérison et vous apporter d'intéressantes informations que vous ne pourriez obtenir en cinq minutes. L'intérêt d'exercices plus courts et plus fréquents est que vous allez intensifier le lien entre votre intellect et votre conscience physique.

Quand vous aurez achevé l'exercice, prenez deux minutes pour fixer votre attention de nouveau sur votre tête et la voir pleine de pensées merveilleuses, créatives et positives. Écrivez ou enregistrez tout ce que vous percevez. Si, durant cette visualisation, vous avez ressenti le désir de commencer un nouveau programme d'exercices, de découvrir de nouveaux traitements ou de faire plus attention à votre alimentation, mettez-le en acte le plus tôt possible.

Exercice :
apprenez à écouter l'esprit de votre corps

Chaque fois que vous avez un problème ou un besoin physique particulier, vous pouvez entrer dans l'esprit de votre corps et lui demander des conseils.

Les problèmes physiques

Pour n'importe quel problème physique, du mal de tête à l'entorse, d'une tumeur cancéreuse à une déficience du système immunitaire, vous pouvez entrer dans l'esprit de votre corps, pour lui demander la cause sous-jacente de ce problème et avoir un aperçu des traitements, des solutions et de la façon de gérer les symptômes.
En utilisant la visualisation décrite ci-dessus, mettez votre conscience dans l'esprit de votre corps, puis concentrez-vous sur la partie déficiente de votre corps. Si vous avez affaire à un malaise diffus, concentrez-vous sur l'ensemble de votre corps. Approfondissez votre respiration et imaginez qu'elle se déplace de vos poumons vers l'endroit qui a besoin d'être soigné, rempli d'énergie, de paix et de vie.
Comme si vous pouviez tourner le bouton d'un amplificateur à l'intérieur de votre corps, imaginez que vous pouvez écouter ce qui s'y passe. L'information peut vous parvenir sous la forme de sentiments, d'impressions, de pensées, d'images, de sensations ou de voix intérieures. Notez, dès que vous aurez fini cet exercice, toutes les idées ou impressions que vous avez perçues. Il peut vous être utile de poser à votre corps quelques questions appropriées. En voici quelques-unes.

- Quelle est la cause profonde de ce problème, de cet état, de cette maladie, de cette douleur, de ce symptôme ? (Choisissez la question qui vous convient.)

- Que puis-je faire pour soigner mon bras, mon estomac, ma poitrine, mes poumons, mon système immunitaire, mon dos, etc. ?
- Comment puis-je me débarrasser ou guérir la douleur, la gêne, le blocage, l'empêchement, la maladie ?
- Comment puis-je au mieux gérer ou transformer mes symptômes ?
- Est-ce que ce problème, cet état vient d'une émotion refoulée, d'une alimentation déséquilibrée, de pensées négatives ou limitatives, d'un mauvais positionnement du corps, d'un manque d'exercice physique, de la peur, etc. ?
- Que dois-je modifier dans ma vie pour guérir ?

Être à l'écoute des informations que nous envoie notre corps et lui demander de nous guider demande de la pratique. Ne soyez pas déconcerté si vous ne recevez pas de réponses directes à vos questions. Parfois, il suffit de demander l'information et d'avoir la volonté d'écouter son corps pour que débute un processus de guérison.

Alimentation et exercice physique

Vous pouvez demander à l'esprit de votre corps si tel aliment, exercice ou traitement vous convient, avant et après l'avoir pris. Plusieurs thérapeutes testent les réponses du corps à un traitement avant de le recommander à leurs patients. Les kinésithérapeutes font ce qu'ils appellent un test musculaire, qui consiste à interroger le corps sur certains soins, sur la tolérance aux aliments ou les thérapies qu'il peut supporter et à obtenir une réaction physique immédiate. D'autres thérapeutes utilisent un appareil qui mesure les variations de l'électricité corporelle en réponse à un large éventail de substances.

Préparez à votre usage une liste de questions à poser à l'esprit de votre corps ou faites un assortiment d'aliments et de médicaments à tester avec lui. Ayez le tout à portée de main et posez-vous la question appropriée, telle que :

- Quels sont les aliments qui me seraient salutaires en ce moment ?
- Quels sont les aliments qui me seraient nuisibles en ce moment ?
- Quel est le meilleur exercice physique pour moi ?
- Quel genre de traitement dois-je suivre actuellement ?

Vous pouvez aussi mettre pendant un moment une substance sur votre poitrine et demander à votre corps si elle est bonne pour vous. Cela sera-t-il bénéfique ou pénible pour votre corps ? Attendez patiemment la réponse, avant de passer à une autre substance ou à une autre question.

Une des questions que vous pouvez poser à votre corps est celle-ci : « Ceci augmentera-t-il ou diminuera-t-il mon énergie ? Ceci sera-t-il stimulant ou épuisant pour moi ? » Ayant posé la question et obtenu la réponse de l'intérieur, vous pouvez vérifier si votre perception est bonne en observant simplement où en est votre niveau d'énergie quand vous avez mis en œuvre les conseils que vous avez reçus. Faire un choix sain apporte en général un regain d'énergie.

Surtout, n'utilisez pas cet exercice en lieu et place d'un traitement médical approprié ou de soins complémentaires. De la même façon qu'elles vous aident à prévenir la maladie et à vous soigner, les informations que vous recevez peuvent vous aider à faire des choix judicieux quand vous suivez les conseils d'un professionnel ou un traitement médical. Elles peuvent aussi les rendre plus efficaces, mais elles ne doivent pas les remplacer. L'essentiel est de travailler avec l'intelligence de votre corps autant que vous le pouvez, plutôt que de travailler contre elle.

ou devenons trop exigeants, on nous dit que nous sommes fatigués. C'est vrai quelquefois, mais il est plus commode d'appeler « fatigue » l'attitude revendicative d'un enfant, que de reconnaître ses besoins et ses sentiments. Adultes, peut-être pensons-nous que nous ne sommes pas particulièrement émotifs, mais chaque fois que nous nous mettons en colère ou avons des besoins à exprimer, nous nous surprenons à devenir somnolents. Nous avons appris qu'il est plus sûr de se réfugier dans l'inconscience que d'exprimer nos émotions.

Quelquefois, il est bon de nous pencher sur notre enfance et de voir d'où viennent certaines de nos convictions et de nos modèles émotionnels. Regarder en arrière peut nous éclairer sur les choix que nous avons faits et nous aider à en faire d'autres plus appropriés à notre vie actuelle. Cela ne servirait à rien de regarder en arrière avec l'intention de blâmer nos parents, notre famille, nos professeurs ou nos amis pour les problèmes que nous avons rencontrés dans notre vie. Cela n'a pas plus d'utilité dans le processus de guérison que de nous blâmer nous-mêmes pour les choix et les erreurs du passé. Nous n'avons besoin que de rechercher ce qui va élargir notre horizon, nous aider à oublier le passé et créer quelque chose de totalement différent pour le présent et le futur.

Exercice : dresser la carte de ses émotions

Prenez un crayon et du papier et faites la liste des émotions exprimées ou refoulées dans votre enfance. Ajoutez tout ce qu'on a pu vous dire au sujet des émotions. Voici quelques questions qui peuvent vous aider.

5 ■ La sagesse de vos émotions

Tout comme votre corps, les émotions possèdent leur propre intelligence. Nos émotions sont une source inépuisable d'énergie, de créativité et de pouvoir personnel, qui peut être utilisée pour se soigner. Elles possèdent une sagesse et un rythme qui, dans de bonnes conditions, peuvent nous aider à rester en bonne santé. Ce sont nos sentiments qui colorent notre vie. Nous sommes stimulés par les passions ou la colère, exaltés par la joie, abattus par la tristesse et inspirés par notre capacité à aimer.

Le mauvais usage, la mauvaise direction et la suppression de notre énergie émotionnelle ne sont pas étrangers à bien des maladies et des problèmes relationnels. Nous avons appris à étouffer certaines de nos sensations et à en dénaturer d'autres avec nos pensées négatives ou limitatives, de telle manière qu'elles sont contrôlées à l'excès ou complètement incontrôlables. Les émotions qui ne sont pas exprimées ou qui sont mises excessivement en avant peuvent créer un déséquilibre physique et affecter notre capacité à exprimer nos véritables besoins et désirs.

●●●●●●

Vos émotions sont souvent étouffées.

L'éducation de nos émotions

En grandissant, nous apprenons toute une gamme de pensées et de convictions, mais aussi la façon d'exprimer nos émotions. En général, les bébés sont sans détour : quand ils sont heureux, ils gloussent de plaisir, quand ils sont angoissés ou en colère, ils hurlent. Ils communiquent simplement, directement et efficacement. Ils adressent à leurs parents des signaux clairs, pour dire s'ils sont à l'aise ou non, s'ils ont faim ou ont besoin d'un peu d'attention. Ce n'est qu'en grandissant que leur vie émotionnelle va devenir plus complexe.

Enfants, nous imitons le comportement émotionnel de ceux qui nous entourent. Si nos parents expriment correctement leur colère, mais mal leur amour ou leur tristesse, il est évident que nous adopterons le même comportement. Si nos parents ne nous remarquent que lorsque nous sommes tout sourire, sans jamais prêter attention à nos pleurs ou à nos colères, nous afficherons toujours un sourire qui masquera nos sentiments profonds. Nous pouvons bouillir de rage avec le sourire, parce que toute autre attitude serait mal vue.

●●●●●●

Un bébé s'exprime sans détour.

Nos convictions et nos modèles de comportement émotionnel sont souvent inextricablement liés. Nous écoutons les jugements sur nos émotions et apprenons à inhiber, nier ou exagérer nos sentiments. C'est ainsi que nous créons un conflit entre la tête, le cœur et la voix, dont j'ai parlé dans le chapitre 1. Quand nos convictions nous interdisent d'avoir des

sentiments et des désirs, leur expression est déformée, voire supprimée.

Par exemple, étant enfants, nous avons pu manifester beaucoup de joie ou de passion, ce qui n'était pas admis. Nous pouvons être naturellement enthousiastes, mais nos parents, ignorant eux-mêmes l'enthousiasme, ont pu avoir un problème à gérer le nôtre. Les enfants peuvent s'enthousiasmer pour n'importe quoi : une belle fleur, un merveilleux jouet tout neuf, une nouvelle façon de jouer, la visite de mamie. Peut-être cet enthousiasme demande-t-il à être contenu, afin qu'il ne perturbe pas la situation, mais il demande aussi à être soutenu, accepté et approuvé, de façon à rendre la vie plaisante et heureuse.

●●●●●●

Apprenez à exprimer vos émotions.

Les parents auxquels on n'a pas permis d'être gais et enthousiastes dans leur enfance ne sauront pas toujours comment donner cette permission à leurs propres enfants. Ceux à qui on n'a pas appris à accepter leur colère et à l'exprimer en toute sécurité sont souvent incapables de transmettre cette aptitude à leurs enfants. Ceux dont les parents n'étaient pas très permissifs et n'acceptaient pas leur tristesse, leur déception, leur détresse ou leur chagrin ne savent pas autoriser ces sentiments chez leurs enfants, à moins qu'ils aient appris à briser net leur conditionnement et à se libérer des modèles de comportement de leur famille.

Parfois, les convictions et les modèles de comportement que nous avons appris nous laissent incapables de reconnaître nos sentiments. Enfants, quand nous nous mettons en colère

Quelles émotions étaient exprimées envers vous ou autour de vous ? Vos parents exprimaient-ils facilement leur tristesse, leur colère, leur amour, leur joie, leur enthousiasme et leur peur ? Pleuraient-ils, hurlaient-ils et riaient-ils ? Quelles émotions montraient-ils le plus souvent ? Voici quelques exemples pour vous rafraîchir la mémoire :

> « Mon père se mettait très en colère et parlait avec passion quand il abordait un sujet politique. Mais il ne criait jamais en notre présence et n'était pas d'humeur particulièrement gaie. »

> « Ma mère pleurait beaucoup, presque trop. Elle pleurait plutôt que de se mettre en colère ou d'affronter un problème. »

> « Mon père était très aimant et sensible à la maison mais, en public, il était totalement différent. Nous étions alors tous tenus de faire bonne contenance et de ne pas faire de scène, comme papa. »

> « Ma mère était toujours en colère contre moi et ne me montrait pas de tendresse. Ses colères me terrorisaient tellement que je me cachais. »

> « Mes parents étaient d'une nature aimante et sympathique, mais étaient facilement embarrassés par l'étalage des émotions. »

Que vous a-t-on dit, qu'avez-vous entendu dire des émotions ? Vous était-il permis d'exprimer tous vos sentiments ? Vos parents, frères, sœurs, grands-parents, professeurs et pairs vous ont-ils fait comprendre d'une façon insistante qu'il y a des émotions acceptables et d'autres qui ne le sont pas ? Voici quelques exemples :

« Les garçons ne doivent pas pleurer. »
« Tu es trop grand pour pleurer. »
« Tu dois affronter la réalité avec courage. »
« Ne leur montre pas ce que tu ressens. »
« Les filles ne doivent pas crier ni se montrer agressives. »
« Tu es bizarre quand tu ris. »
« Tu es très laid quand tu pleures. »

Quelles sont les émotions que vous pouvez exprimer sans difficulté aujourd'hui ? Êtes-vous à l'aise devant la colère des autres, leur tristesse, leur joie, leur enthousiasme, etc. ? Y a-t-il des émotions que vous craignez de ressentir parce que vous êtes effrayé à la pensée de vous y empêtrer ou d'en perdre le contrôle ? Notez le plus possible d'informations, sans vous juger ni vous critiquer.
Laissez beaucoup de place pour y inscrire tout ce qui vous viendra à l'esprit les deux jours suivants.
Ensuite, prenez une feuille de papier et tracez un grand cercle. Imaginez que ce cercle représente tout votre potentiel émotionnel. Si vous êtes vraiment à l'aise avec toutes vos émotions et êtes capable de les exprimer pleinement et convenablement, vous pouvez disposer de tout l'espace à l'intérieur du cercle. Si vous êtes à l'aise avec la plupart de vos émotions, vous pouvez occuper la plus grande partie de cet espace. Si vous n'êtes à l'aise qu'avec quelques émotions, vous ne pouvez disposer que d'un petit espace dans le cercle.
Avec un crayon, ombrez dans le cercle l'espace que vous attribuez à toutes les émotions avec lesquelles vous êtes à l'aise. Laissez de la place pour représenter les émotions dont vous vous sentez coupé ou

que vous avez du mal à exprimer. Gardez de la place aussi pour représenter les émotions que vous jugez dangereuses à exprimer ou pour lesquelles vous avez peur de perdre votre contrôle si vous deviez les manifester. Si cela peut vous aider, écrivez le nom de quelques émotions dans le cercle, de façon à ombrer l'endroit où vous avez écrit « tristesse », par exemple, laissez en blanc celui où vous avez écrit « colère » et grisez celui où est écrit « enthousiasme ».

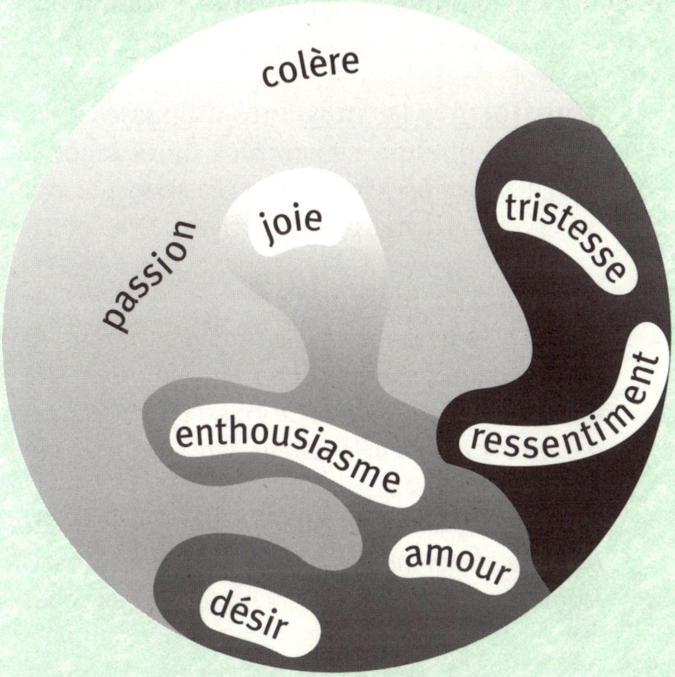

Les données que vous avez ainsi enregistrées vont déclencher un processus de transformation émotionnelle en vous et vous fournir des indications qui vous aideront à aller de l'avant. Il peut vous être utile de dessiner ce cercle à intervalles réguliers, de façon à contrôler vos progrès dans l'expression de vos émotions. Les données de votre liste pourront vous fournir matière à créer de nouvelles affirmations positives. Voici quelques idées pour démarrer :

Les affirmations bonnes pour vos émotions

Il est bon pour moi de connaître mes sentiments.
Je peux exprimer mes sentiments en toute sécurité.
Mes émotions sont mes amies.
Je peux aimer en toute sécurité.
Mes émotions sont toujours équilibrées.
Je libère et j'exprime mon potentiel émotionnel.

Transformer les messages du passé

Voici quelques exemples de la façon de transformer les vieux messages parentaux en nouvelles affirmations positives.

Exemples de messages :

« Mon père se mettait très en colère et parlait avec passion quand il abordait un sujet politique. Mais il ne criait jamais en notre présence et n'était pas d'humeur particulièrement gaie. »

« Ma mère pleurait beaucoup, presque trop. Elle pleurait plutôt que de se mettre en colère ou d'affronter un problème. »

Affirmations

Pleurer ne me met pas en danger.
Il m'est facile d'assumer ma colère.
Je maintiens l'équilibre entre la colère, la tristesse, la passion et la joie.
Il m'est facile d'exprimer mes sentiments d'une façon directe.

Exemple de message :
« Mon père était très aimant et sensible à la maison mais, en public, il était totalement différent. Nous étions alors tous tenus de faire bonne contenance et de ne pas faire de scène, comme papa. »

Affirmations
Je peux montrer mes émotions en toute sécurité. Mon amour et ma sensibilité m'aident où que j'aille.

Exemples de messages :
« Tu dois affronter la réalité avec courage. »
« Ne leur montre pas ce que tu ressens. »

Affirmation
Montrer ce que je ressens ne me fait courir aucun danger.

Exemple de message :
« Les filles ne doivent pas crier ni se montrer agressives. »

Affirmation
J'ai le droit d'être une femme énergique et passionnée.

Exemple de message :
« Tu es très laid quand tu pleures. »

Affirmation
Mes sentiments sont beaux, tout comme moi.

Maintenant, à vous de transformer vos messages négatifs du passé en affirmations positives, à utiliser régulièrement.

Visualisation :
explorer son potentiel émotionnel
Asseyez-vous confortablement dans un endroit tranquille, décrochez le téléphone et assurez-vous de ne pas être dérangé. Bien adossé sur votre siège, votre corps doit être ouvert et détendu, sans croiser les bras ni les jambes. Vous pouvez vous étendre par terre, mais gardez toujours le corps ouvert, sans vous recroqueviller.
Posez doucement une main en haut de votre estomac pour sentir votre abdomen se soulever et s'abaisser quand vous respirez. Respirez profondément et imaginez que votre respiration vous aide à vous connecter à vos sentiments, efficacement et en toute sécurité. Chaque respiration stimule doucement et libère l'énergie émotionnelle qui est bloquée en vous, effaçant les stress et les tensions du passé. Si certains sentiments remontent à la surface, dirigez votre respiration vers eux et permettez-leur de rester là. Sinon, soyez sûr qu'un mieux-être émotionnel s'installe en vous.
Imaginez que vos émotions sont un jardin superbement fleuri que vous entretenez en jetant les mauvaises herbes, pour que les fleurs se développent et croissent librement. Chassez de votre esprit le fouillis

des pensées négatives et limitatives, enlevez les mauvaises herbes que sont vos anciens jugements, puis arrosez soigneusement vos émotions de complicité affectueuse. Regardez-les pousser avec énergie, plus colorées, plus belles, luxuriantes et odorantes, développant leur pouvoir de créativité et de guérison. En écrivant ceci, je pense à des roses épanouies et douces comme du velours, mais utilisez votre imagination pour créer votre propre jardin ou même des images totalement différentes. Il est important que cela fasse sens pour vous.

Imaginez que vous êtes tranquillement en train d'exprimer vos émotions dans tous les domaines de votre vie, de développer des relations honnêtes sur le plan émotionnel et de vous délivrer avec facilité et joie de toutes vos tensions émotionnelles. Interrogez-vous : « Qu'ai-je besoin d'exprimer dans ma vie à l'heure actuelle ? » et « Que puis-je faire pour soigner mes émotions ? » Soyez réceptif à toute indication, impression et sentiment qui se manifeste. Demandez-vous aussi : « Quels sont les modèles émotionnels qui contribuent à mon malaise, mon problème, ma maladie ? »

Lorsque vous aurez achevé cette visualisation, affirmez en vous-même, à plusieurs reprises :

Je veux libérer le pouvoir curatif de mes émotions.

Notez ou enregistrez toutes les impressions que vous avez ressenties pendant cet exercice et n'oubliez pas d'agir sur elles.

Le caractère émotionnel de la maladie

Que disent nos maladies de notre état émotionnel et de notre capacité à exprimer nos sentiments ? Il est certain que cet état doit être pris en compte dans tous les aspects de la guérison. Lorsqu'il y a maladie ou déséquilibre, il existe généralement un facteur émotionnel qui doit être reconnu et traité. Dans certains cas, les émotions sont les principales responsables d'un état de santé ou d'un problème, dans d'autres cas, si elles n'en sont pas la cause principale, elles deviennent significatives quand les premiers symptômes s'installent.

La maladie peut être considérée comme l'expression d'un conflit interne. Lorsque notre bien-être est affecté par une tension qui peut être mentale, émotionnelle ou spirituelle, nous cherchons à l'exprimer, à la résorber ou à l'effacer de notre mieux. Mais si nous ne savons pas nous y prendre, nous le faisons en nous créant des symptômes. Un symptôme est le signal d'un déséquilibre interne. Il indique, à nous-mêmes et aux autres, que nous avons besoin de soin et d'attention. Il est rare que la cause de ce déséquilibre soit purement physique.

Émotion et blessure

La plupart du temps, nous ne considérons nos blessures que sur le plan physique. Lorsque nous nous coupons un doigt, nous cassons une jambe ou endommageons notre colonne vertébrale dans un accident, nous pouvons clairement désigner la cause physique de notre problème. Pourtant, notre état mental et émotionnel peut très bien avoir contribué à provoquer cette blessure et pourrait jouer un rôle dans la rapidité de notre guérison.

Le moment où vous vous blessez est toujours significatif, et il est toujours utile de vous demander ce qui se passait alors dans votre vie. Que se passait-il autour de vous, quels étaient vos pensées et vos sentiments ? Le moment où vous guérissez est significatif aussi. Que se passe-t-il maintenant autour de vous et en vous-même, tandis que votre douleur diminue ou que votre corps récupère ?

L'histoire de Marcel

Marcel était un homme aimable et respectable d'environ 65 ans. Il était venu me voir pour des impositions de mains et de la relaxation guidée, après s'être abîmé le dos. Marcel était très émotif mais, comme la plupart des hommes de son âge, il était incapable d'admettre et de reconnaître beaucoup de ses émotions. Il avait toujours été un excellent mari et père de famille, tenant le rôle traditionnel de l'homme avec beaucoup d'amour et de fidélité, bien que ce ne lui fût pas facile tous les jours. Comme il l'avait prévu, ses enfants avaient grandi et quitté le foyer familial. Marcel et sa femme étaient restés dans la maison familiale, qui comportait trois chambres à coucher, hypothéquée pour longtemps encore. À l'approche de la retraite, Marcel avait fait plusieurs investissements, calculant que cela lui permettrait de payer les traites de la maison et d'améliorer leurs fins de mois.

Tout alla bien un certain temps. Marcel et sa femme payaient leurs factures sans problème, entretenaient la maison et pouvaient même s'offrir quelques plaisirs et donner un coup de main aux enfants. C'est alors qu'arrivèrent des impondérables. Deux des

investissements de Marcel se révélèrent désastreux, puis les taux d'intérêt chutèrent, affectant le fruit des investissements les plus sûrs. Pour couronner le tout, il s'avéra que la toiture de la maison devait être refaite. Bref, le total de leurs revenus se révélait insuffisant. La seule solution était de mettre la maison en vente et d'espérer une amélioration.
Marcel se sentait coupable d'avoir fait de mauvais investissements et triste d'avoir à quitter la maison familiale. Certes, il avait échoué devant sa femme et ses enfants, mais il décida, dans leur intérêt, de faire face et trouva rapidement un acquéreur pour la maison. Ils en achetèrent une plus petite, aux charges moins lourdes, et s'apprêtèrent à déménager. C'est alors que Marcel se fit mal au dos.

En emballant des poteries chinoises, alors qu'il se penchait pour saisir un vase, son dos resta bloqué, le faisant terriblement souffrir. Il resta alité durant tout le déménagement : c'est le reste de la famille qui emballa, transporta et déballa leurs affaires.
Lorsque Marcel vint me voir, il avait reçu des soins médicaux, avait vu un kinésithérapeute et allait mieux. Mais il souffrait encore beaucoup et était très inquiet.

En me parlant de ses expériences malheureuses, il prit conscience de quelques-uns de ses sentiments pour la première fois. Il avait des idées très arrêtées sur l'obligation de rester fort, de considérer les choses avec courage et d'être à la hauteur de la situation. Son incapacité à exprimer ses sentiments avait beaucoup ajouté au stress de son déménagement. Il ne se pardonnait pas d'avoir fait de si mauvais choix et se sentait extrêmement coupable.

J'aidai Marcel à se débarrasser de quelques-uns de ses préjugés et le priai d'arrêter de se punir. Je lui dis aussi que, pour continuer à soigner son dos et chasser la douleur physique, il avait besoin de reconnaître et d'exprimer la douleur émotionnelle qu'il ressentait. À la fin de la première séance, Marcel se sentait mieux. À la troisième séance, il était capable de parler plus ouvertement de ses sentiments et versa même quelques larmes. Puis sa douleur disparut et il poussa un soupir de soulagement. Je lui donnai quelques affirmations, pour l'aider à s'adapter à sa nouvelle existence, en oubliant le passé.

Je veux me pardonner.
Je m'autorise à exprimer tous mes sentiments.
Je m'autorise à demander de l'aide quand j'en ai besoin.
Je suis sûr que je peux vivre de nouvelles et merveilleuses expériences.
Je suis physiquement et émotionnellement en bonne santé.
Je suis capable de faire les bons choix.

Je continuai à voir Marcel, qui s'habituait aux nouvelles circonstances de sa vie et n'étouffait plus la plupart de ses sentiments. En très peu de temps, sa femme et lui se rendirent compte qu'ils étaient plus heureux dans leur nouvelle maison, plus facile à entretenir que l'ancienne. Ils y étaient plus près de leurs amis. Il leur fallut quelque temps pour rétablir leur situation financière, mais, leurs dépenses s'étant beaucoup réduites, ils se sentaient de plus en plus libres. Au bout d'un certain temps, quelques-uns des meilleurs investissements de Marcel commencèrent à porter leurs fruits, ce qui leur permit de prendre des vacances qu'ils n'auraient pas pu se payer s'ils étaient restés dans leur première maison.

Émotion et maladie

Les maladies et infections que nous créons dans notre corps comportent toutes des facteurs mentaux et émotionnels. Il est toujours utile de se demander : « Quels sont les préjugés et les émotions qui contribuent à me rendre malade ? », « Quel modèle de pensée dois-je changer pour guérir ? » et « Quelles émotions ai-je besoin de reconnaître et d'exprimer pour guérir ? »

Quand nous sommes malades, les premiers indices que nous avons sont les sentiments qui accompagnent nos symptômes. Nous pouvons nous demander : « Que me fait ressentir cette maladie ? » Si votre rhume vous rend triste, il est intéressant de vous rendre compte qu'une tristesse inexprimée a contribué à créer cet état. Les rhumes sont souvent un moyen de nous désintoxiquer. Ils nous aident à débarrasser notre corps de résidus accumulés et notre moi émotionnel de sentiments refoulés. Ils contribuent également à effacer la tension due aux pensées négatives et malsaines.

●●●●●●

Qu'est-ce qui contribue à vous rendre malade ?

Quand vous êtes enrhumé, faites confiance à vos sentiments et tenez-en compte, plutôt que de les nier.

De la même façon, si nous développons une maladie plus grave, comme un cancer, il est essentiel pour nous de tenir compte de nos pensées et sentiments. Si le diagnostic nous met en état de choc ou en colère, il vaut mieux approfondir ces sentiments, car il est possible qu'ils soient en partie responsables de notre état. Ils peuvent alors nous mener vers des solutions de guérison. La volonté de prendre conscience de nos émotions peut augmenter l'efficacité des traitements choisis et nous aider à prévenir une rechute. Mon expérience m'a appris que de nombreux cancers viennent de puissants sentiments refoulés, en particulier de la colère.

Nos émotions ont, incontestablement, leur propre sagesse. Si nous leur faisons confiance et si nous nous autorisons à les ressentir, elles nous aident à guérir. Les émotions sont de l'énergie créative. Quand nous prenons conscience de leur existence, les exprimons et les libérons, elles peuvent nous pousser à vivre des expériences extraordinaires, en donnant du relief à notre vie relationnelle et une motivation à notre vie spirituelle. Quand nous les nions, les entravons ou les remplissons de pensées négatives, nous risquons de voir cette énergie créative disparaître. C'est à ce moment-là qu'elles contribuent au malaise et au déséquilibre.

Émotion et maladie de longue durée

C'est surtout lorsque nous souffrons d'une longue maladie qu'il est essentiel de permettre à nos émotions de nous traverser librement. Nous pouvons alors éviter une détérioration de notre état de santé. Lorsque, par exemple, se manifestent en nous de pénibles séquelles d'une ancienne blessure ou d'une maladie épuisante, nous éprouvons un degré de douleur physique qui n'est dû, selon nous, qu'à notre état même, alors que le seuil de la douleur peut avoir été considérablement accru par des facteurs mentaux et émotionnels. Une douleur émotionnelle inexprimée, telle que l'autoflagellation, l'autocritique ou la culpabilité, est souvent ressentie comme une douleur physique supplémentaire. Nos problèmes non résolus et nos sentiments refoulés ont tendance à s'installer aux endroits de notre corps les plus vulnérables.

Je crois que les antalgiques sont un miracle de l'époque moderne, qui permet de vivre avec dignité et dans un certain confort. Mais je crois aussi qu'on les utilise sans discernement. La douleur nous avertit que quelque chose ne va pas, elle indique la nécessité d'un changement. Écouter la douleur et en tenir compte peut nous aider à effectuer les transformations physiques, mentales et émotionnelles qui sont indispensables pour soigner la cause de la douleur ou, au moins, la diminuer. Quand nous évacuons la douleur avec des médicaments, nous nous séparons de sa cause première et nous nous coupons, ce faisant, des solutions que nous aurions pu trouver pour guérir.

La douleur nous envoie des messages.

Lorsque nous souffrons d'une longue maladie qui s'accompagne de douleurs continuelles, nous devons choisir judicieusement ce qui va nous aider à les soulager, mais nous devons aussi nous écouter pour prendre conscience de tout problème émotionnel et psychologique. Nous pouvons, par exemple, prendre l'avis d'un médecin pour réduire la prise d'antalgiques et la remplacer par des techniques de relaxation, des séances régulières avec un guérisseur, des thérapies complémentaires. Contrôlons notre douleur sans attenter à notre pouvoir de guérison par nous-mêmes.

Une des façons les plus efficaces de stimuler le processus de guérison des émotions est d'accepter notre maladie ou notre problème et de lui accorder le pardon. Cela peut sembler étrange de « pardonner » notre maladie ou d'« apprendre à aimer » notre état, mais nos maladies et nos problèmes représentent une partie de nous-mêmes qui réclame qu'on l'accepte pour guérir. L'énergie gaspillée à haïr ou mépriser notre état a tendance à nous lier à lui, alors que l'énergie de l'amour nous permet de nous transformer.

Exercice :
accordez le pardon à votre maladie

Notez la liste de vos symptômes et de vos problèmes. Ceci peut inclure les parties malades, blessées ou déséquilibrées de notre corps, la confusion ou la négativité de notre esprit ou des déséquilibres émotionnels comme la dépression, la jalousie ou la peur. Voici quelques exemples qui vous aideront, mais ne constituent pas une liste exhaustive de symptômes. Il s'agit seulement de points de départ à votre réflexion.

MALADIE	SYMPTÔMES
Arthrite	Articulations douloureuses, mouvements difficiles.
Ulcères gastriques	Douleurs gastriques, indigestion.
Migraines	Nausée, maux de tête, sensibilité à la lumière.
Dépression	Manque de motivation, torpeur, fatigue, absence de sentiments.
Irritabilité	Manque de contrôle, paroles ou actes qui détruisent les amitiés et les relations familiales, culpabilité extrême ou remords.
Autocritique incessante	Absence d'estime de soi. culpabilité, douleur et autoflagellation.

Maintenant, notez une série de déclarations positives en regard de chacun de vos problèmes, en utilisant les suggestions suivantes comme point de départ.

J'accorde le pardon à ... (votre problème).
Je me pardonne d'avoir, d'être ... (vos symptômes).
J'abandonne avec amour ... (votre problème, vos symptômes).
Je crée maintenant de nouveaux moyens de guérison.

Voici quelques exemples :

J'accorde le pardon à mon arthrite.
Je me pardonne d'avoir les articulations douloureuses et de bouger difficilement.
J'abandonne avec amour mon arthrite, mes articulations douloureuses et mes mouvements difficiles.
Je crée maintenant de nouveaux moyens de guérison.

J'accorde le pardon à mon état dépressif.
Je me pardonne d'être démotivé.
J'abandonne avec amour mon état dépressif, mon manque de motivation et ma torpeur.
Je crée maintenant de nouveaux moyens de guérison.

Les trois premières déclarations ne sont pas à utiliser régulièrement. Au contraire des affirmations que nous avons déjà pratiquées, ce sont des énoncés à usage unique ou des déclarations occasionnelles de pardon et d'abandon. La raison en est que, en les répétant, elles laisseraient notre esprit inutilement concentré sur les problèmes ou symptômes dont nous voulons nous débarrasser. La quatrième déclaration peut être utilisée comme une affirmation, parce qu'elle insiste sur l'attitude positive que nous voulons créer.

Lisez vos déclarations à deux reprises, de préférence à haute voix, de façon à entendre le son de votre voix. Le mieux est encore de vous placer devant un miroir et de les énoncer une fois ou deux en regardant votre reflet. Énoncez-les lentement et clairement en respirant pleinement et profondément. Continuez avec des affirmations générales de bonne santé, de bien-être et de pardon qui n'ont pas de rapport direct avec vos problèmes. Voici quelques idées :

Je me pardonne complètement.
Je veux me pardonner et me libérer.
Je m'accorde la permission de guérir.
J'aime tout ce qui me constitue.
Je suis réceptif aux traitements, à l'aide et au soutien dont j'ai besoin.
Et, une fois encore,
Je crée maintenant de nouveaux moyens de guérison.

Si vos déclarations ou affirmations font remonter à la surface des zones de colère, de ressentiment, de joie, de peur, d'enthousiasme ou de douleur, permettez-leur d'être là. Les transformations sur le plan émotionnel font partie du processus de guérison. Vous pouvez vous sentir un peu bizarre quand les émotions commencent à émerger. Respirez avec elles, faites de votre mieux pour les accepter, rassurez-vous et utilisez des affirmations de sécurité émotionnelle.

Apprendre à reconnaître et à exprimer nos émotions demande de la pratique, en particulier si nous en avons été coupés pendant longtemps. Il est donc important d'être patients avec nous-mêmes. Voici quelques idées pour y arriver.

Dix façons de prendre conscience de ses émotions et de les exprimer

1. Exprimez vos sentiments dès qu'ils se manifestent. L'erreur que nous faisons souvent est de considérer nos émotions comme trop insignifiantes pour être mentionnées. Nous fermons la bouche et passons à autre chose, creusant ainsi en nous des réservoirs de tristesse ou de ressentiment refoulé. Si nous disons simplement : « Cela me rend triste » ou « Arrêtez, s'il vous plaît, cela me met en colère », nous nous débarrassons de nos sentiments sans douleur, plutôt que de les laisser croître jusqu'à ce qu'ils soient disproportionnés à notre réaction initiale.
Si vous vous sentez incapable d'exprimer vos sentiments à quelqu'un, exprimez-les à vous-même ! Il est sain d'exprimer ses sentiments et malsain de les nier ou de les garder en soi.

2. Interprétez vos sentiments comme un acteur joue son rôle. Si vous avez envie d'exprimer quelque chose à quelqu'un qui ne peut vous écouter, jouez la conversation comme une pièce de théâtre. Asseyez-vous confortablement dans un endroit calme où vous ne serez pas dérangé. Imaginez que la personne à qui vous voulez parler est assise en face de vous. Expliquez-lui ce que vous ressentez. Si vous êtes en colère, dites : « Je suis en colère » et dites-lui pourquoi. Si vous êtes triste, dites-le et expliquez pourquoi. Si vous voulez lui dire que vous l'aimez, répétez-le plusieurs fois, pour ressentir davantage ce que vous êtes en train de dire. La répétition permet de vous relier à vos sentiments et de les clarifier.

Quand vous avez fini, visualisez cette personne baignant dans une lumière bienfaisante, puis cette image disparaître doucement. Entourez-vous aussi de cette lumière bienfaisante et parlez-vous en utilisant des mots encourageants et rassurants. Par exemple :

Je suis en sécurité.
Mes sentiments ne me font courir aucun danger.
Je fais confiance à ma sagesse intérieure.

3. Notez ce que vous ressentez ou enregistrez-le sur une cassette. Il est important d'extérioriser vos pensées et vos sentiments. Les noter ou les enregistrer vous y aidera. Il est bon, parfois, de conserver ce que vous avez noté ou enregistré, mais déchirer vos notes et effacer la bande magnétique peuvent être les symboles de votre guérison. C'est à vous de décider. Rappelez-vous que vos notes sont une bonne source d'idées pour créer de nouvelles affirmations positives.

4. Allez demander conseil auprès d'un spécialiste ou entamez une thérapie. Toutes les formes de thérapies analytiques ou psychologiques ne conviennent pas à tout le monde et ne servent à rien si vous ne pouvez plus vous en passer. En revanche, elles peuvent être à l'origine de merveilleuses découvertes et stimuler le mieux-être émotionnel. Être conseillé par une personne sensible et expérimentée est aussi une bonne idée. Cela nous aide à clarifier nos pensées, à comprendre ce que nous vivons et à faire de nouveaux choix positifs. En outre, le fait de parler peut nous connecter efficacement avec nos sentiments profonds.

5. Accordez-vous des moments de tranquillité et de silence. Nous sommes toujours tellement pressés que nous n'avons pas toujours le temps d'écouter et de noter nos émotions. Certains d'entre nous s'entourent même d'activités et de bruit, précisément pour éviter les sentiments profonds. Vous offrir régulièrement tranquillité et silence vous aidera à rester proche de vos besoins fondamentaux.

6. Trouvez des moyens de vider votre colère en toute sécurité. La colère est souvent chassée par l'activité physique. Frappez des oreillers, faites des exercices physiques fatigants ou poussez un cri. Assurez-vous seulement que les activités que vous choisissez conviennent à vos capacités physiques et qu'elles ne représentent aucun danger pour vous ni pour votre entourage.

7. Notez et corrigez vos comportements compulsifs. Que faites-vous pour supprimer vos émotions ? Certains d'entre nous se suralimentent, d'autres boivent de l'alcool ou fument. Il existe d'autres formes de comportements compulsifs, comme le nettoyage obsessionnel ou l'attention portée à des détails insignifiants. Nos comportements compulsifs peuvent masquer nos besoins, nos désirs et nos conflits émotionnels refoulés.

Il peut être bénéfique de s'arrêter quelques minutes avant de manger, de boire ou d'allumer une cigarette, pour se demander : « De quoi ai-je véritablement besoin ? », « Qu'est-ce que je ressens à l'heure actuelle ? » et « Comment puis-je prendre soin de moi en ce moment ? » Prendre conscience de nos besoins et de nos sentiments peut supprimer le comportement compulsif. Pour certains de ces comportements, nous devons rechercher l'aide d'un médecin, d'un conseiller ou d'un guérisseur. Des associations comme les Alcooliques anonymes, par exemple, peuvent aussi apporter beaucoup de réconfort.

8. Donnez-vous la permission d'être ému et inspiré. Qu'est-ce qui vous émeut ? Qu'est-ce qui vous inspire de la passion ou l'envie d'agir ? Tout, des vieux films romantiques à un beau morceau de musique, peut entraîner le relâchement des émotions. Quand nous découvrons ce qui nous émeut, nous pouvons apprendre à nous en servir d'une façon constructive, pour rester proches de nos sentiments et de nos désirs.

9. Observez la façon dont vous rejetez vos sentiments et prenez la décision de les écouter. La plupart d'entre nous avons développé des mécanismes de défense qui détournent les situations potentiellement émotionnelles. Certains utilisent des pensées et des comportements cyniques, pour éviter de reconnaître leurs vrais sentiments. Bien qu'il soit important d'évaluer avec soin les choses, dénigrer nos propres expériences, nos relations amicales ou notre vie privée, à cause du comportement cynique que nous avons appris à développer, revient à s'autodétruire. Le cynisme est fondé sur la peur, il nous vole notre énergie, limite nos possibilités et inhibe le processus naturel et sain de la vie.

Certains d'entre nous manient l'humour avec brio, mais il s'agit d'une défense. Peut-être avons-nous appris dans notre enfance que faire rire nos parents, nos professeurs ou nos camarades était un bon moyen de nous protéger et d'éviter les situations chargées d'émotions. Adultes, nous lançons des plaisanteries quand nous sommes blessés, quand quelqu'un nous dit qu'il nous aime ou quand nous ne voulons pas admettre que quelqu'un est en colère contre nous ou que nous sommes en colère contre lui. Certains d'entre nous rient quand ils devraient pleurer, ce qui est malsain. L'humour et le rire sont des outils efficaces pour se soigner, sauf quand ils sont utilisés pour masquer nos sentiments. Nous avons besoin d'écouter nos sentiments, de tenir compte de nos réactions spontanées, de choisir un comportement ou une façon de penser différent et d'apprendre à nous servir de nos sentiments plutôt que les nier. Comme tout ce qui a de la valeur, cela demande de la pratique.

10. Décidez de devenir plus intime et honnête avec autrui. Un des moyens que nous utilisons pour rejeter et nier nos sentiments est de nous soustraire aux situations potentiellement riches d'émotions. J'ai connu des gens qui rompaient des relations plutôt que de s'autoriser à se rapprocher de leurs amis ou de leurs partenaires. Nous rapprocher de quelqu'un nous met au défi de reconnaître et d'accepter davantage nos sentiments profonds.

Si nous avons appris, dans notre enfance, que certains de nos sentiments sont désagréables, nous sommes effrayés de les montrer. Le fait de nous rapprocher des autres nous oblige à nous découvrir devant eux et, ce faisant, nous nous découvrons devant nous-mêmes. Quand nous décidons d'abandonner nos préjugés, d'être plus honnêtes avec nous-mêmes et de risquer l'intimité avec les autres, l'expérience que nous faisons est très différente de nos peurs et de nos attentes premières. Quand nous les aimons et les acceptons, nos émotions sont merveilleuses !

6 ■ Vivre dans le présent

Un des enseignements les plus intéressants que j'ai tiré de mon expérience personnelle et de mon métier de guérisseur est que chacun d'entre nous a le pouvoir de s'améliorer. Peu importent notre situation, notre état de santé ou notre passé, il y a toujours quelque chose à faire pour aller mieux et progresser. Nous n'avons besoin que de découvrir ce pouvoir et d'apprendre à nous en servir.

Notre passé, nos erreurs et nos souffrances ne peuvent nous empêcher de faire de nouveaux choix au moment présent, qui nous permettent d'évoluer. Beaucoup de gens se sentent coupables d'une chose qu'ils ont faite ou dite dans le passé, d'avoir manqué une occasion ou fait un choix peu judicieux, et croient que leur vie sera gâchée à cause de cela. Ils pensent qu'ils ne pourront jamais être heureux et bien portants, à cause d'une erreur passée ou parce que leur destin les en empêche. La plupart d'entre nous croyons que notre vie ne changera jamais. Nous sommes persuadés, par exemple, que puisque nos trois dernières relations ont été des échecs, la prochaine en sera forcément un aussi. Mais ce n'est pas une fatalité. Nous avons le choix.

Nous devons avoir envie de changer intérieurement pour permettre à notre vie de s'améliorer. En remplaçant nos pensées négatives par d'autres positives, en troquant nos vieux modèles émotionnels par d'autres plus sains et en prenant soin de notre corps, nous

nous rendons disponibles à vivre des expériences très différentes. Le passé est derrière nous, il nous a enseigné beaucoup de choses, mais nous ne sommes pas prisonniers de ces enseignements, en particulier si nos pensées et notre comportement ne nous aident plus à rester en bonne santé et heureux. Chaque instant nous donne l'occasion de recréer notre vie. Nous sommes tous en position de pouvoir.

Le passé, le présent et l'avenir

Nous nous soustrayons souvent au moment présent. Nous passons tellement de temps à penser au passé, à ce qui aurait dû être, à imaginer l'avenir et espérer une amélioration ou redouter le pire, que nous oublions le don qui nous est fait chaque jour. Le moment présent peut nous sembler si effrayant, avec toutes les occasions qu'il nous offre de nous sentir mieux, toutes les solutions et tous les sentiments que nous avons appris à refouler, que nous cherchons à nous en distraire. Il est plein de possibilités et nous demande une attitude responsable dans les choix que nous faisons et honnête par rapport à nos besoins, désirs et sentiments.

Vivre dans le présent ne signifie pas oublier le passé ou nos espoirs pour l'avenir, mais mettre tout cela en perspective et faire les meilleurs choix qu'il nous soit possible de faire à ce moment-là. Il y a une grande différence entre regarder le passé pour se soigner, s'accorder le pardon, tirer des enseignements, aller de l'avant et regarder le passé pour se plonger dedans, y rester attaché et lui permettre de constituer un obstacle envers ce que nous sommes en train de créer dans notre vie. Il y a aussi une grande différence entre se concentrer sur ce que nous souhaitons créer dans le futur et faire des plans sur la comète en oubliant de vivre le moment présent. Il est bon d'avoir la tête dans les nuages, à partir du moment où nos pieds sont fermement ancrés au sol.

Revenir sur le passé nous permet de donner un sens à notre vie et de clarifier les zones d'ombre qui nous empêchent d'être heureux. Imaginer l'avenir est important parce que nos rêves et nos désirs contribuent à ouvrir le chemin qui influence fortement les choix que nous faisons. Mais le présent seul nous offre les meilleures occasions de changer. C'est aujourd'hui que nous pouvons le mieux influer sur notre santé, notre bonheur et notre bien-être. C'est aujourd'hui que nous devons écouter, observer, choisir, nous adapter et agir pour améliorer le cours de notre vie.

Visualisation : vivre dans le présent

Asseyez-vous confortablement dans un endroit tranquille, décrochez le téléphone et assurez-vous de ne pas être dérangé. Bien adossé sur votre siège, votre corps doit être ouvert et détendu, sans croiser les bras ni les jambes. Vous pouvez vous allonger, mais gardez toujours le corps ouvert, sans vous recroqueviller.

Respirez profondément et concentrez-vous sur l'intérieur de votre corps et sur vos émotions. Comment vous sentez-vous à cet instant ? Que ressentez-vous ? Contentez-vous d'en prendre note, sans jugement. Imaginez que les cellules de votre corps contiennent le souvenir de tout ce qui vous est arrivé, comme si elles avaient été programmées pour répondre à toutes vos expériences passées et tous les choix que vous avez faits dans votre enfance. D'une certaine manière, elles répondent toujours à ces choix, qui n'ont plus aucun rapport avec votre bonheur actuel ou en puissance dans l'avenir.

En continuant à respirer lentement et profondément, imaginez que chaque cellule de votre corps se remplit d'une lumière brillante, dorée et bienfaisante. Cette lumière efface l'impact de toutes les expériences passées qui vous empêchent de rester en bonne santé et heureux, à l'heure actuelle. Cette énergie bienfaisante vous débarrasse de toutes vos vieilles peurs, de votre sentiment de culpabilité et de vos souffrances, gommant les vieilles pensées négatives et vous rendant disponible à de nouvelles expériences positives. Imaginez que votre corps, votre esprit et vos émotions sont en train de renaître, que vous êtes fait pour vivre pleinement dans le moment présent, programmé pour la santé, la joie, la plénitude et le succès.

Voyez-vous vivant pleinement dans le présent, créant des amitiés, des sentiments et des expériences qui vous comblent, renaissant sans cesse en pleine santé et heureux. Imaginez que vous possédez une nouvelle liberté qui vous permet de faire tout ce qui est bon pour vous, sans aucune restriction. Vous n'êtes plus empêché par les choix et les expériences négatives du passé. Que voulez-vous faire différemment ? Quels nouveaux choix aimeriez-vous opérer ? Quelle est la chose la plus positive, la plus bienfaisante que vous aimeriez vous accorder maintenant ?

Quand vous avez fini cette visualisation, notez toutes les réponses que vous vous êtes apportées, souvenez-vous de saisir les opportunités que vous offre le présent et d'agir en fonction.

Responsabilité et culpabilité

La raison pour laquelle nous craignons et évitons le moment présent est qu'il nous oblige à prendre notre vie en charge. Enfants, nous apprenons souvent qu'être responsable est dangereux. Beaucoup d'entre nous confondent responsabilité et culpabilité. Quand nos parents ou nos professeurs nous disaient que nous étions responsables de quelque chose, cela signifiait souvent que nous serions critiqués ou punis en cas d'erreur. Adultes, nous hésitons à prendre des risques et, plutôt que de saisir une opportunité, nous attendons qu'on nous donne la permission de le faire ou espérons qu'un autre le fera à notre place. Alors, nous aussi cherchons le coupable en cas d'échec.

Au fil des générations, nous perpétuons les sentiments d'échec. Nous nous attendons à ce que la vie nous trahisse et à ce que nous-mêmes faillissions à notre devoir. Nous utilisons des expressions qui nourrissent ces impressions, comme : « Ne prends pas trop de risques, il va t'arriver un pépin ! » Ceux d'entre nous qui réussissent leur vie matérielle, émotionnelle et spirituelle sont souvent ceux qui ont appris à se sentir à l'aise avec leurs responsabilités, qui ont voulu aller au-delà des limites de leurs espoirs et qui croient fermement au succès. Ceux-là s'attendent à être récompensés, plutôt que critiqués.

La responsabilité est une force, la culpabilité est une faiblesse. Si nous sommes convaincus que nous sommes responsables de notre santé, nous pouvons prendre des mesures pour l'améliorer, la ménager et prévenir la maladie. Nous pouvons prendre des risques positifs pour nous garder en bonne santé, par exemple oser demander de l'aide quand nous en avons besoin, abandonner un métier trop stressant pour un autre qui nous apporte satisfaction, être honnête par rapport à nos sentiments ou faire quelque chose de nouveau. En nous sentant responsables de notre bien-être et de notre bonheur, en escomptant le succès, nous lui faisons de la place et commençons à vivre notre vie positivement et pleinement.

Quand nous nous sentons coupables, nous nous affaiblissons. Nous perpétuons les modèles de pensée et de comportement qu'on nous a inculqués et restreignons notre champ d'action ou nous punissons nous-mêmes. Considérer les autres comme coupables nous bloque, c'est une façon de supprimer le pouvoir que nous avons d'améliorer notre situation. Par exemple, nous reprochons souvent à notre conjoint ou notre partenaire de ne pas être capable d'anticiper et de satisfaire nos désirs. Ce modèle de pensée et de comportement nous empêche d'apprendre à exprimer nos besoins et de nous sentir responsables de la satisfaction de nos désirs.

Beaucoup d'entre nous se sentent coupables, perpétuant ainsi l'idée qu'ils ne méritent pas la vie qu'ils désirent. Nous passons beaucoup trop de temps à nous dire que nous sommes fautifs et trop peu à faire ce qu'il faudrait pour changer réellement. La culpabilité absorbe de l'énergie, diminue notre capacité à voir les nombreuses opportunités qui s'offrent à nous et à en tenir compte. Quand nous nous sentons coupables, nous nous répétons que nous ne sommes pas à la hauteur et que nous ne pouvons réussir quoi que ce soit. Que nous culpabilisions les autres ou nous-mêmes, l'énergie que nous dépensons à le faire nous empêche de nous détacher de nos problèmes.

Victime ? Plus jamais !

Nous avons appris à nous considérer comme des victimes. Quel que soit le problème qui nous est posé, de la panne de voiture à une brouille avec un ami, d'une petite blessure à une maladie, nous y réagissons avec une mentalité de victime. Il n'y a rien de commun entre le fait d'exprimer un sentiment de tristesse, de déception ou de frustration quand nous sommes confrontés à l'adversité et celui de se considérer comme des victimes faibles et impuissantes.

En nous considérant ainsi, nous réagissons comme si nous avions été personnellement punis par Dieu. Nous prenons tout pour nous et portons toute la misère du monde sur nos épaules. Nous disons alors : « Tout le monde m'en veut », « Il doit y avoir quelqu'un là-haut qui ne m'aime pas », « La vie est si injuste », « Pourquoi est-ce que c'est toujours à moi que ça arrive ? » et « Ça ne sert à rien de vivre cette chienne de vie puisqu'on doit mourir. » Le problème de cette forme de pensée est qu'elle nous affaiblit. Nous nous privons ainsi de la plupart des ressources et des solutions dont nous avons besoin pour relever le défi et rebondir. De plus, la mentalité de victime nous rend plus disponibles aux gens, aux situations et aux expériences qui nous bloquent dans ce rôle de simple figurant que nous avons choisi.

Si vous vous reconnaissez dans cette description, il est temps de faire un nouveau choix : victime ? plus jamais !

L'histoire de Julie

Julie, une femme d'une quarantaine d'années, vint me voir au moment où elle suivait un traitement médical pour un cancer du sein. Son cancer, qui avait été détecté très tôt, était guérissable, mais elle était encore, comme on peut le comprendre, sous le choc du diagnostic. Elle passait son temps avec moi à essayer de s'accommoder des conséquences émotionnelles et psychologiques de sa maladie et à chercher le moyen de prévenir le retour de ses symptômes.

Je demandai à Julie de parler de ses expériences passées et de ses aspirations pour l'avenir. Je voulais savoir, en particulier, ce qui s'était passé pendant les quelques années qui avaient précédé le diagnostic et connaître les facteurs mentaux, émotionnels et environnementaux qui avaient contribué à son état. Julie fit alors la liste des relations décevantes ou déstabilisantes qu'elle avait vécues, depuis ses rapports avec ses parents jusqu'à ceux qu'elle avait entretenus avec son ex-mari et les amants qu'elle avait eus après son divorce. Elle décrivit aussi ses relations avec ses enfants comme « aimantes mais douloureuses ».

Il était évident, à considérer le vocabulaire qu'elle utilisait, que Julie se considérait comme une rescapée de la vie et une victime. Elle était intarissable sur ce qu'« on » lui avait fait et se présentait comme « impuissante à affronter la situation ». Elle parlait aussi de son cancer comme d'un mauvais coup que la vie lui avait fait, une épreuve supplémentaire qu'il lui fallait endurer, une souffrance de plus. Je compatissais avec elle pour tous les combats qu'elle avait dû mener dans le passé et pour le défi qu'elle devait relever aujourd'hui, mais j'entendais en toile de fond les pensées négatives qui l'avaient encouragée à se considérer comme une victime et détectais aussi de vieilles souffrances inexprimées qui contribuaient à sa détresse actuelle.

Je dis à Julie que, pour donner à son traitement le plus de chances de réussir et pour éviter une rechute, il lui serait profitable d'examiner sa vie sous un autre angle. Je lui suggérai que, en se considérant comme une victime, elle autorisait ses relations et ses expériences à perpétuer son rôle de victime. Nous commençâmes à examiner les raisons pour lesquelles elle avait choisi ce type de relations et ce qu'elle pouvait en apprendre. Nous passâmes aussi du temps à constituer un nouveau vocabulaire de pensées, qui l'aiderait à se sentir plus maîtresse de sa vie et plus efficace dans ce qu'elle voulait accomplir.

Comme elle commençait à utiliser les idées et techniques que je lui suggérai, le sentiment de tristesse que j'avais détecté en elle s'accrut tellement que je finis par lui demander :
« Éprouvez-vous du chagrin pour quelqu'un ? »
Elle fondit immédiatement en larmes et me raconta que sa mère avait décédé huit ans auparavant et qu'elle n'était jamais vraiment sortie de son deuil. Julie me raconta que, de son vivant, sa mère, tout comme elle-même, se considérait comme une rescapée et une victime de la vie. Elle avait si bien endossé son rôle de victime qu'elle avait souvent été incapable

d'aider Julie à grandir, en dépit du fait qu'elle l'aimait tendrement.

Julie prit de nouvelles décisions sur la façon dont elle vivrait sa vie dorénavant. Elle décida de tenir compte des sentiments qu'elle avait refoulés et qu'elle se devait, pour elle-même et pour sa mère, de vivre sa vie différemment. Elle décida de se dégager de ses nombreuses obligations, pour prendre le temps de s'occuper d'elle pendant qu'elle continuait son traitement et de profiter de toute l'attention que ses amis et ses médecins lui prodiguaient. Elle se promit de continuer à parler de ses relations avec sa mère, avec moi d'abord, puis avec un conseiller spécialiste du deuil.

À chaque fois qu'elle faisait un choix dans sa vie, Julie se demandait : « En tant que femme libérée et déterminée, que vais-je décider ? » Elle se demandait constamment comment elle pouvait prendre les choses en main, non plus en tant que victime, mais en position de force, faisant le nécessaire pour renforcer la nouvelle image positive qu'elle avait d'elle-même. Elle continua à utiliser des affirmations qui la soutenaient dans ses efforts.

Julie réagit parfaitement à son traitement et, trois ans plus tard, elle était en pleine santé et sa vie avait changé. Elle vivait une relation amoureuse satisfaisante, qui ne ressemblait en rien à celles qu'elle avait connues dans le passé. Son ami et elle s'étaient promis de prendre le temps de jouer ensemble, de voyager ensemble et de s'entraider.

Voici quelques-unes des affirmations que je suggérai à Julie :

Je peux exercer mon pouvoir en toute sécurité.
Je suis capable de prendre ma santé et mon bonheur en charge.
Mes actions et mes nouveaux choix me sont toujours bénéfiques.
Je profite du moment présent.
Les conséquences de mes actes sont positives et efficaces.
Je peux vivre dans le présent en toute sécurité.
Ma vie est un succès.

En abandonnant notre rôle de victime, en laissant s'épanouir notre pouvoir personnel et en saisissant toutes les occasions de faire de notre vie une création de tous les instants, demandons-nous : « En tant que personne libérée qui assume son pouvoir, quel est pour moi le choix le plus judicieux en ce moment ? »

Trouver des solutions simples

La guérison est souvent un long processus, où l'on découvre et où l'on met en œuvre une série de solutions. Nous pouvons nous débarrasser de nos symptômes grâce à un traitement médical qui nous conduit à modifier quelques-unes de nos attitudes. Ce changement facilite un certain relâchement émotionnel qui nous permet, à son tour, de trouver un traitement plus approprié et efficace. Nous pouvons nous débarrasser de nos symptômes en douceur, prendre conscience de leur cause profonde, essayer de comprendre le sens des expériences que nous faisons, jusqu'à ce que nous ayons transformé notre état ou trouvé de nouvelles façons de le supporter. Quoi qu'il en soit, pour guérir, il est important de faire le premier pas qui mène vers un changement radical, sans difficulté et rapidement.

Dans certains cas, la guérison peut intervenir grâce à une solution simple à découvrir et à appliquer. Nous découvrons le traitement approprié, modifions profondément notre attitude, et nous voilà guéris comme par magie. Nous devons toujours avoir l'esprit assez ouvert pour trouver des solutions simples et avoir le courage de les mettre en œuvre au moment voulu. Par exemple, si nous savons qu'un aliment particulier ne nous convient pas, la solution la plus simple est de ne plus en manger. Il nous suffit de le décider. Voici quelques affirmations qui vous aideront à trouver les solutions qui vous conviennent.

Il m'est facile de trouver et de mettre en œuvre des solutions évidentes.
Je veux faciliter ma guérison.
Je prends conscience des changements que je dois opérer dans ma vie.
J'ai le courage de m'améliorer.
J'ai le courage de me soigner.
Je veux avancer dans mon processus de guérison.
Je me soigne facilement.
Je découvre les solutions parfaitement adaptées à mon problème.
J'ai la force de mettre en œuvre toutes les solutions pour me soigner.

Découvrir des solutions simples demande que nous abandonnions les préjugés selon lesquels la vie est un combat difficile ou un drame. Nous avons appris de nos parents, de nos professeurs ou de nos propres expériences que la réalité quotidienne est un combat incessant que nous gagnons rarement. Quand nous cessons d'utiliser des mots de lutte, nous nous rendons disponibles aux solutions simples dont nous avons besoin.

J'ai souvent rencontré des gens dont les problèmes pouvaient être résolus simplement, mais qui imaginaient des complications extraordinaires, ce qui empêche ou retarde toute résolution saine et constructive. Peut-être sommes-nous un peu ainsi, mais le seul moyen de maîtriser notre vie est de décider que les choses sont simples et de prendre conscience des moments où nous compliquons ou obstruons notre marche en avant.

Se libérer des blocages

Nous nous sentons souvent bloqués sur le plan émotionnel et incapables d'exprimer nos sentiments, ou bien nous avons l'impression que notre esprit tourne en rond, empêché d'avancer par de vieux modèles de pensée. Parfois, nous percevons les blocages comme extérieurs à nous-mêmes. Nous considérons, par exemple, que notre travail nous empêche d'être créatifs. En transformant notre façon de percevoir les choses, nous nous aidons à progresser dans la vie, à libérer nos sentiments, nos relations et les situations que nous vivons.

Visualisation : se libérer des blocages

Demandez-vous dans quel domaine de votre vie vous vous sentez particulièrement bloqué. Si vous ne sentez aucun blocage, tant mieux. Inutile d'en créer pour le besoin de cet exercice, félicitez-vous et continuez ainsi. Dans le cas contraire, les visualisations suivantes peuvent vous aider :

- Imaginez votre blocage comme un grand mur fait, à votre choix, de briques, de pierres ou de l'ensemble de vos pensées négatives. Visualisez-vous passant de l'autre côté de ce mur : vous pouvez, pour ce faire, y creuser un tunnel, le contourner calmement, sauter par-dessus, le faire exploser, l'abattre, le pulvériser avec un torrent d'eau, le transformer en une matière tendre au travers de laquelle il est facile de passer, y installer un portail, le baigner d'une lumière bienfaisante qui le fait disparaître complètement. L'éventail des moyens est infini, choisissez celui qui vous parle le plus.

- Vous pouvez aussi vous représenter votre blocage comme un dragon qui crache du feu. Imaginez-vous l'inondant d'amour et d'acceptation, fermement campé sur vos pieds et baignant cette créature d'une lumière bienfaisante pour l'adoucir. Votre dragon devient alors plus petit et plus calme, se transformant en une créature agréable, de taille moyenne et de belle apparence. Faites-vous-en un ami, maintenant que vous l'avez apprivoisé, et demandez-lui de quoi vous avez besoin pour changer. Écoutez toutes les idées qui vous viennent spontanément et notez-les, même si, pour l'instant, elles n'ont aucun sens pour vous. Si rien ne vous vient à l'esprit, peu importe ; contentez-vous d'imaginer que votre dragon va vous aider à progresser.

- Si vous avez l'impression que le blocage est dû à une émotion refoulée, à des muscles tendus ou à des zones de stress, utilisez votre pensée pour inonder la partie de votre corps en question d'une lumière bienfaisante. Si votre estomac ou votre gorge est noué, imaginez que cette lumière se dirige vers cet endroit pour dissoudre l'énergie qui y est emprisonnée. Représentez-vous chaque partie de votre corps débloquée et libérée. S'il vous vient à l'esprit des idées pratiques qui vous aideraient à progresser, notez-les et agissez en fonction.

Effacer vos blocages, les dépasser devrait libérer une énergie bienfaisante pour votre développement personnel. Voici quelques idées générales qui devraient vous aider à nourrir cette énergie.

Nourrir son énergie

Quand nous sommes malades, quand nous nous sentons coincés dans un travail ou une relation qui ne nous apporte rien de positif, nous nous empêchons de modifier la situation, car nous pensons ne pas avoir assez d'énergie pour le faire. Nous disons que nous sommes trop fatigués, trop occupés, trop malades ou trop vieux pour pouvoir rassembler l'énergie nécessaire. Parfois, nous nous sentons prisonniers, au point d'être incapables de nous galvaniser pour progresser.

Nous sommes souvent dotés de bien plus d'énergie que nous le croyons, mais le problème est que nous n'avons pas appris à utiliser ce pouvoir inné. Notre énergie est bloquée à cause de :

– **nos pensées négatives,** qui pèsent sur nous et nous ralentissent. Elles nous affaiblissent physiquement et émotionnellement, en transformant notre énergie en potentiel inutilisé ou en créativité frustrée ;

– **nos émotions inexprimées.** Les émotions étant elles-mêmes de l'énergie, celles qui restent inexprimées équivalent à un grand potentiel de guérison inutilisé. En outre, nous dépensons beaucoup plus d'énergie à refouler nos sentiments et nos désirs qu'à les exprimer. Réfléchissez-y : les émotions que vous ne savez pas extérioriser sainement, que ce soit la tristesse, la colère, la joie, la passion ou l'enthousiasme, vous privent d'une grande quantité d'énergie, car il en faut beaucoup pour les empêcher de s'exprimer ;

– **nos occupations ennuyeuses,** qui ligotent notre énergie. Avez-vous remarqué que certaines de vos occupations vous galvanisent, alors que d'autres vous affaiblissent ? Même les tâches qui nous épuisent peuvent être galvanisantes. Parce que nous prenons plaisir à les effectuer, elles nous laissent un sentiment de joie et de plénitude. Il nous suffit alors d'une bonne nuit de sommeil pour nous sentir rafraîchis, régénérés et prêts à repartir.

Au contraire, certaines activités sont ennuyeuses. Nous nous sentons obligés de les faire, mais elles ne correspondent pas à nos désirs. Quand nous ne faisons pas ce que nous aimons faire, ou quand nous ne savons pas aimer ce que nous faisons, notre énergie diminue.

Voici quelques conseils pour nourrir votre énergie :

- **Créez quelque chose.** Exprimez votre créativité d'une manière ou d'une autre : écrivez un poème, cuisinez un plat savoureux, dessinez, inventez un nouveau logiciel informatique, écrivez une lettre, arrangez un bouquet de fleurs. Trouvez le moyen d'exprimer votre créativité, même si ce que vous faites vous paraît peu important.
- **Prenez un risque positif :** joignez-vous à un groupe, participez à des séances de développement personnel, faites une chose que vous n'avez jamais faite, faites-vous un nouvel ami, parlez à quelqu'un à qui vous n'avez jamais adressé la parole, passez ce coup de fil que vous avez retardé jusqu'à maintenant, apprenez une nouvelle technique, habillez-vous d'une façon différente, planifiez des vacances ou une journée de détente. Pensez à élargir votre champ d'action.
- **Soyez honnête avec les autres.** Demandez ce qui vous est nécessaire, parlez de ce que

vous ressentez, dites « je t'aime », prodiguez des éloges et des encouragements, dites « non » quand vous voulez dire non et « oui » quand vous voulez dire oui, en exprimant calmement et clairement vos besoins. Agissez petit à petit et félicitez-vous de vos succès.

- **Soyez honnête avec vous-même.** Reconnaissez vos sentiments profonds, vos rêves, vos ambitions et vos désirs, prenez conscience de vos résistances à changer et des comportements qui vous desservent d'une manière ou d'une autre. Faites tout cela sans porter de jugement sur vous, sans vous critiquer.
- **Accordez le pardon aux autres.** Prenez conscience de vos ressentiments, de vos désirs de vengeance et débarrassez-vous-en. Respirez en pensant à la tristesse ou à la colère, à la souffrance ou à la déception que quelqu'un de votre entourage vous inspire et dites-vous : « Je veux accorder le pardon, abandonner le passé et me préparer à des expériences plus satisfaisantes. »

- **Accordez-vous le pardon.** Prenez conscience de votre sentiment de culpabilité et débarrassez-vous-en. Arrêtez de vous punir pour ce que vous avez fait ou pas dans le passé. Refusez de vous critiquer pour une situation que vous ne pouvez pas changer tout de suite. Faites des changements positifs dans votre façon d'affronter les situations comparables que vous vivez en ce moment. Dites-vous : « Je veux me pardonner, abandonner le passé et vivre dans la joie. »
- **Modifiez votre façon de penser.** Chaque fois que vous vous dites : « Je n'ai jamais aucune énergie », vous vous privez de cette énergie. Quand vous pensez que tout est difficile, vous bloquez la possibilité que cela devienne facile. Quand nous manquons d'énergie ou de motivation, c'est qu'il y a une pensée, un préjugé ou une attente à modifier. Prenez conscience de votre énergie et appréciez-la, plutôt que de rester concentré sur votre fatigue et, peu à peu, votre énergie augmentera.
- **Modifiez votre alimentation.** La digestion des aliments gras, de la nourriture industrielle demande beaucoup d'énergie, sans apporter grand-chose en retour. Les aliments complets, naturels, les fruits et les légumes frais, la nourriture préparée avec amour sont généralement plus faciles à digérer et fournissent de l'énergie. Il n'existe pas de régime alimentaire qui convienne à tout le monde, l'alimentation de l'un peut être parfaitement inappropriée à l'autre.
- **Modifiez vos habitudes.** Si vous fumez, fumez moins. Si vous buvez de l'alcool, buvez moins. Le sucre, le sel, la caféine peu-

vent vous apporter un coup de fouet, mais cette énergie ne dure pas longtemps. Il serait bien sûr préférable de ne pas fumer du tout, de ne boire que des alcools légers, mais abandonner ces habitudes doit être fait à votre propre rythme. Les réduire sensiblement vous ferait du bien.

- **Soyez actif.** Prenez des cours de gymnastique, allez promener le chien, levez-vous et étirez-vous. Si vous êtes invalide ou malade, étirez-vous doucement, prenez conseil auprès d'un médecin, d'un physiothérapeute ou d'un guérisseur.
- **Remplacez une activité ennuyeuse par une autre plus motivante.** Petit à petit, abandonnez les activités qui pompent votre énergie ou ne vous apportent aucune joie. Si, par exemple, vous regardez la télévision tous les jours pendant trois heures sans y trouver de plaisir, diminuez un peu ce temps et profitez-en pour faire une chose qui vous amuse davantage. Combien de choses faites-vous simplement par habitude ou parce que vous croyez que vous devez les faire ? Remplacez-les, peu à peu, par des activités plus saines, qui vous apportent du bonheur.

Ces idées ne sont qu'un point de départ pour celles que vous imaginerez vous-même. N'en mettre qu'une en pratique peut déjà améliorer votre niveau d'énergie, activer votre motivation et votre maîtrise d'autres domaines de votre vie. Si votre énergie est bloquée ou insuffisante, il y a toujours quelque chose à tenter pour que cela change.

7 ■ L'aventure spirituelle

Je crois que nous sommes davantage qu'un simple corps, rempli d'émotions et de pensées. Plus j'apprends sur la nature de la guérison, plus je suis convaincu que la transformation la plus profonde intervient quand nous sommes disposés à reconnaître qu'il existe un aspect plus grand de nous-mêmes.

Imaginez qu'une partie de vous voit l'image agrandie de votre vie et peut vous faire ressentir la joie la plus intense. Cette partie de vous n'est pas votre esprit conscient, qui dirige tout pendant votre état de veille. Elle peut voir au-delà des limites mentales que vous vous imposez et, si vous le lui permettez, elle vous aidera à rester en bonne santé et heureux.

Il n'est pas important de croire que cette partie de nous est reliée à Dieu ou pas. Quelle que soit notre croyance, nous pouvons apprendre à travailler avec notre conscience supérieure pour nous aider à guérir.

Certains l'appellent le moi supérieur, l'esprit supérieur ou le moi divin. D'autres la décrivent comme l'âme, la conscience supérieure ou la sagesse divine. Peu importe le nom que nous lui donnons, si cela est adapté à notre philosophie religieuse ou spirituelle ou même si nous croyons fermement en son existence. Le simple fait de croire en la possibilité qu'un être spirituel existe en chacun de nous apporte des changements extraordinaires.

Je me suis beaucoup occupé à essayer de prolonger et d'améliorer la vie, mais j'ai aussi été confronté à des gens qui étaient sérieusement malades ou même près de mourir. Je me suis débarrassé depuis longtemps des préjugés sur ce que la guérison était censée être. Pour certains, la guérison intervient quand nos symptômes et leurs causes profondes disparaissent ; pour d'autres, cela a à voir avec une plus grande compréhension d'eux-mêmes, avec le fait de trouver grâce et dignité en s'accommodant de leur maladie ou de leur mort. Quelle que soit notre voie, notre conscience supérieure peut nous aider à donner un sens à ce qui nous arrive et à mettre notre vie en perspective.

Quand j'aide quelqu'un à guérir, j'ai souvent l'impression que je l'aide à relier son esprit conscient et sa conscience supérieure, en l'encourageant à intégrer une plus grande sagesse dans sa vie quotidienne, de façon à prendre les rênes de son processus de guérison. Cette partie de lui est souvent celle qui offre les solutions de guérison et qui, s'il est à son écoute, lui fournira les informations qui l'aideront à développer son potentiel.

Le but spirituel de la maladie

Certains d'entre nous se créent des maladies ou des problèmes pour pouvoir atteindre un niveau de joie supérieur. Cette idée peut paraître bizarre, quand nous pensons aux moments où nous souffrons, où nous nous débattons avec des symptômes qui restreignent notre mobilité et entravent notre vie. Pourtant, j'ai vu tant de gens grandir grâce à leurs maladies, devenir plus conscients d'eux-mêmes, plus mûrs et plus concernés par la spiritualité. Il est toujours utile de considérer ce qui nous arrive comme une opportunité, plutôt que comme un désastre.

Je ne crois pas que la maladie soit un élément essentiel de notre développement. C'est seulement une façon d'exprimer et de résoudre nos conflits internes et de nous pousser à développer notre potentiel. La plupart du temps, nous sommes à même de prévenir la maladie et d'accélérer la guérison en cherchant d'autres moyens de grandir et d'intégrer nos leçons spirituelles. Que nous soyons confrontés à une maladie ou à une série de problèmes ou que nous voulions les éviter, il est important de saisir l'opportunité que chaque moment apporte sur le plan spirituel. Vous pouvez commencer par vous poser la question suivante : « Comment puis-je dépasser au mieux mes vieilles limites pour devenir vraiment ce pour quoi j'ai été créé ? »

●●●●●●

La guérison est en vous.

Exercice : le message de la maladie

Asseyez-vous dans un endroit calme et confortable, prenez un papier et un crayon, et commencez par vous relaxer. Votre corps doit rester ouvert. Fermez les yeux et respirez profondément, comme vous le faites au début d'une visualisation. Demandez, en vous-même, de l'aide pour localiser et abandonner la cause profonde de votre maladie ou de votre douleur. Demandez aussi de nouvelles façons de vivre avec un problème récurrent et déclarez que vous êtes disposé à changer d'attitude. Quand vous vous sentez centré et prêt, ouvrez les yeux et notez

les réponses qui vous viennent spontanément aux questions suivantes :
« Que veulent m'enseigner mes problèmes ou ma maladie en ce moment ? »
« Qu'ai-je à apprendre pour être heureux et bien portant ? »
« Quel message m'envoient ma maladie ou mes problèmes ? »
« Que dois-je faire pour résoudre mes problèmes et progresser ? »

Efforcez-vous de ne pas juger ou limiter les réponses que vous recevez, même si elles n'ont aucun sens pour vous en ce moment. Ne vous inquiétez pas de ne pas recevoir de réponse immédiatement, il est souvent suffisant de poser les bonnes questions pour mettre en branle le processus de guérison. Vous permettre de répondre instinctivement peut prendre du temps. Agissez en fonction de toute idée pertinente, puis affirmez :

Je veux suivre ma voie spirituelle.
Je suis disponible à recevoir le plus grand bien.
Je suis toujours guidé vers la santé et la joie.

Répétez cet exercice régulièrement, en restant à l'écoute de nouvelles indications et ouvert à tout changement d'attitude qui pourrait faire progresser votre guérison.

Se donner un but dans la vie

J'ai découvert que les gens qui se portaient le mieux étaient ceux qui avaient donné un sens et un but à leur vie. Si nous avons une idée de ce que nous voulons vivre, de ce que nous voulons faire et l'occasion d'apporter quelque chose de nous-mêmes au monde qui nous entoure, nous sommes alors aidés par le bien-être, le bonheur et l'élévation spirituelle. Les personnes âgées qui restent en bonne santé et pleines d'entrain longtemps après l'âge de la retraite sont souvent celles qui cherchent à apprendre de nouvelles choses et à aider les autres.

Nous attendons parfois que la vie nous fournisse un but ou un sens et que les autres prennent l'initiative de nous inviter à participer à notre développement personnel. La vérité est que nous sommes toujours invités à prendre part à l'aventure de la vie, mais c'est à nous de saisir cette opportunité. Si votre vie vous semble dénuée de sens, créez-en un vous-même. Si vous n'en voyez pas la finalité, accordez-vous du temps pour trouver votre but essentiel. Il y a toujours une piste. Qu'est-ce qui vous motive ? Qu'est-ce qui vous inspire ? Que désirez-vous ? Qu'est-ce qui éveille votre intérêt ? Les choses qui nous passionnent sont les jalons de notre voyage vers la guérison. Elles nous renseignent sur la direction à prendre pour atteindre notre but spirituel.

Voir plus grand

Nous sommes si immergés dans notre quotidien que nous avons une vision restreinte du monde. Nous courons pour remplir tous nos engagements, prendre soin de ceux que nous aimons, rester financièrement à flot et affronter les défis physiques et émotionnels que nous rencontrons. Ce faisant, nous oublions qu'il existe une dimension plus grande à nos vies. Nous oublions d'avoir une vision d'ensemble, négligeant de distinguer entre ce que nous faisons par habitude, culpabilité ou manque d'imagination et ce que nous faisons parce que cela nous permet de progresser.

Parfois, nous sortons de notre routine pour voir notre vie plus clairement. Nous sommes tout à coup capables de donner un sens à nos expériences et de voir les solutions évidentes aux problèmes qui nous sont posés. Dans ces moments de clairvoyance, nous pouvons obtenir d'importantes indications sur le sens et le but de ce qui nous arrive. Nous pouvons même développer une sorte d'inspiration divine. C'est ce qui nous arrive quand nous comprenons soudainement avec notre cœur ce que nous avions déjà compris intellectuellement depuis quelque temps, sans être capables d'y donner une suite concrète. Saisir le sens profond de quelque chose, plutôt que seulement son idée, nous permet de changer.

Certaines maladies constituent un « pont » vers une vision élargie de notre vie. Parfois, nous nous créons des maladies pour nous permettre d'abandonner un chemin qui ne nous est plus d'aucune utilité et en emprunter un autre qui nous permettra de grandir. D'autres fois, nous les utilisons pour ralentir notre rythme, de façon à nous ménager un espace suffisant pour que nos rêves, nos désirs et nos sentiments profonds nous portent au-delà de nos vieilles croyances étriquées.

L'histoire de Michel

Michel vint me voir parce qu'il souffrait du syndrome de la fatigue chronique. Ayant toujours été actif, il trouvait son nouvel état extrêmement frustrant et inconfortable. Il se sentait incapable de faire aucun progrès dans sa vie. Avant d'être malade, Michel avait dirigé une usine qui fabriquait des fournitures de bureau. Il avait longtemps été satisfait de son métier, mais, quatre ans auparavant, il avait perdu toute motivation pour relever les défis que son travail lui offrait.

Désespéré de ne pas retrouver sa motivation, Michel s'était forcé à travailler toujours davantage, dans l'espoir de développer de nouvelles affaires qui le pousseraient à continuer. Après tout, sa position était enviable : il était bien payé et assez créatif. Il ne lui semblait pas indispensable de faire de sa vie quelque chose de complètement différent. Moins il se sentait motivé, plus il se forçait à continuer, se remémorant ce que son père lui avait toujours dit : « La vie, c'est dix pour cent de plaisir pour quatre-vingt-dix pour cent d'efforts. »

Michel commença à ressentir de soudaines pertes d'énergie et de coordination de ses mouvements. Il lui arrivait de ne pas pouvoir penser clairement et, pour la première fois de sa carrière, il lui fallut prendre des vacances. Quand il se fut reposé, il se sentit plein d'entrain, oublia qu'il avait été malade et recommença à travailler encore plus durement, pour rattraper son retard. Il continua ainsi pendant trois ans, allant de moins en moins bien et ayant besoin de prendre davantage de vacances, jusqu'à ce que, finalement, son énergie semblât disparaître complètement et qu'il fût obligé de se résigner.

Quand Michel vint me voir, il était encore assez malade. Certains jours, ses symptômes disparaissaient complètement. Mais ils étaient suivis de plusieurs jours d'épuisement, et il se sentait alors revenir à la case départ. Ce qui me frappait, c'était à quel point il se sentait coupable d'être malade et comme il se jugeait durement de ne pas réussir à guérir et à retourner travailler. Je compris aussi combien il s'était senti valorisé d'être un directeur efficace et fiable et combien, maintenant, il se dévalorisait de ne plus être capable de remplir ce rôle.

Je conseillai à Michel de renoncer à ses jugements sévères envers lui-même et lui dit qu'il guérirait quand il cesserait de se battre contre son état et quand il s'y abandonnerait complètement. Je l'encourageai aussi à s'aimer tel qu'il était et à se valoriser, indépendamment de ce qu'il était capable de faire ou pas. Peu après, en se réveillant un matin, Michel comprit soudainement ce qui lui arrivait. Il était encore très tôt, mais il était parfaitement éveillé.

Son esprit était lucide et une chaleur extraordinaire l'enveloppait de la tête aux pieds. Il se sentait en paix et comprenait avec acuité comment il s'était créé sa maladie, le tort qu'il s'était fait en se forçant à travailler au-delà de ses limites et qu'il lui fallait maintenant avoir confiance en sa vie. Peu après, il tomba dans un sommeil profond et paisible, d'une qualité qu'il n'avait pas connue depuis l'enfance.

Après cet épisode, Michel s'autorisa à accepter son état et même à apprécier la paix et la tranquillité de sa vie. Il pensa aux aspects de son travail qui l'avaient satisfait, mais se rendit compte qu'il n'avait jamais vraiment désiré

occuper un poste à responsabilité. Il avait seulement accepté les promotions, parce qu'il pensait qu'il devait monter dans l'échelle sociale, comme son père l'avait fait avant lui.
Michel sentit son énergie revenir, mais il choisit de continuer à prendre les choses avec douceur. Quand il fut prêt, il commença à prendre des cours de méditation et de yoga. En méditant, il ressentait souvent l'impression de chaleur et de paix qu'il avait expérimentée le matin où il avait pris conscience de lui-même.
Quand Michel recommença à travailler, ce fut à temps partiel, puis, petit à petit, il arriva à un poste qui lui permettait d'exprimer sa créativité en lui laissant assez de temps et d'énergie pour avoir des activités agréables.
Michel continua à pratiquer la méditation et se mit à l'étude comparée des religions, ce qu'il avait toujours eu envie de faire. Il s'offrait de temps à autre un jour de repos, pendant lequel il ne faisait absolument rien, sinon se regarder le nombril s'il en avait envie. Il apprit à s'accepter pour ce qu'il était et non pour le métier qu'il exerçait. Il se sentait plus heureux qu'il ne l'avait jamais été. Il me dit que le progrès le plus important pour lui avait consisté à devenir un être pensant, et pas seulement un homme d'action.

Aller de l'avant

Nous sommes parfois si effrayés d'aller de l'avant vers l'inconnu que nous remettons nos nouveaux choix et nos décisions au lendemain. Nous pouvons aussi hésiter à utiliser les affirmations, parce que nous avons peur de les avoir mal choisies. Nous devons développer notre confiance en nous-mêmes et en la vie, de façon à dépasser nos anciennes limites, le cœur et l'esprit disponibles. Voici quelques affirmations qui vous aideront.

Le désir ou le défi :
« J'ai peur de mal choisir mes affirmations. Je sais que mon esprit est puissant et je suis effrayé à l'idée de créer quelque chose que je ne pourrais pas maîtriser. »

Affirmations

Je me suffis à moi-même.
Je me fais confiance.
Les expériences que je crée sont agréables, joyeuses et harmonieuses.
Mes affirmations sont toujours en harmonie avec mon allégresse.
Je peux utiliser mon pouvoir en toute sécurité.

Le désir ou le défi :
« Je sais ce que je devrais faire, mais j'ai peur de faire le premier pas. »

Affirmations

Il m'est facile de progresser.
J'agis facilement en fonction de mes certitudes et de mes intuitions.
Il m'est facile d'agir pour mon plus grand bien.

Nous nous empêchons parfois de progresser, parce que nous ne pouvons imaginer notre vie libérée des maladies et des problèmes auxquels nous sommes habituellement confrontés. Si, au contraire, nous nous efforçons de nous imaginer et de nous sentir en bonne santé et heureux, nous nourrissons notre imagination et renforçons notre capacité à choisir ce que nous vivons.

Visualisation : aller de l'avant

Asseyez-vous confortablement dans un endroit tranquille, décrochez le téléphone et assurez-vous de ne pas être dérangé. Bien adossé sur votre siège, votre corps doit être ouvert et détendu, sans croiser les bras ni les jambes. Vous pouvez vous allonger, mais gardez toujours le corps ouvert, sans vous recroqueviller.

Respirez lentement et profondément. Imaginez que vous êtes maintenant libéré de vos problèmes quotidiens et que vous n'avez plus de défi à relever. Voyez-vous en bonne santé, vivant des relations harmonieuses ; de nouvelles opportunités s'ouvrent continuellement à vous. Imaginez que vous attirez l'amour, l'approbation et l'attention positive dont vous avez besoin. Voyez-vous souriant et heureux, capable d'apprécier l'aventure de la vie, protégé où que vous alliez.

Développez dans votre esprit l'image de ce que vous devriez faire pour qu'il en soit ainsi. Quelles mesures devriez-vous prendre dans votre vie, à l'heure actuelle, pour vous sentir en bonne santé et heureux ? Avez-vous besoin de vous reposer ou de ralentir votre rythme ? Avez-vous besoin d'aide ? Avez-vous besoin de découvrir de nouveaux traitements ou de vous renseigner sur ceux qui vous conviendraient ? Qu'avez-vous besoin de faire pour votre élévation spirituelle et votre développement personnel, en ce moment ?

Visualisez-vous prenant facilement les mesures nécessaires à votre santé. Imaginez que vous avez le don de vous guérir et de vous transformer positivement.

Quand vous avez fini cet exercice, notez ou enregistrez les idées qui vous sont venues intuitivement et prenez les mesures nécessaires pour avancer.

Bénir sa vie et continuer sa route

Progresser nous demande toujours de bénir les expériences, les relations et les problèmes que nous laissons derrière nous pour continuer. Notre désir d'apprendre à grandir nous pousse sans cesse vers notre chemin spirituel. Nous devons abandonner ce qui nous est familier, pour saisir la chance d'être en meilleure santé, de vivre une nouvelle vie et d'être plus conscients de nous-mêmes. Nous avons tendance à craindre l'inconnu et à continuer sur une voie que nous connaissons. Mais, pour guérir, nous devons prendre le risque de penser, d'agir et de réagir de nouvelles façons.

Il y a à peu près neuf ans, j'ai pris pendant quelques mois des cours de développement personnel, mettant mon passé en perspective, abandonnant mes espoirs étriqués et organisant la vie que je voulais créer. Ce fut une période fascinante, remplie de rencontres enrichissantes, agréables ou déplaisantes, mais qui m'ont toutes aidé à faire les choix qui m'étaient nécessaires.

Quand ma vie commença à changer, quand ce que j'avais souhaité commença à arriver – de nouvelles rencontres, un nouvel appartement, de nouvelles occasions d'utiliser mes talents –, j'hésitai d'abord à abandonner mon univers familier. Mes sentiments mûrirent à la fin de l'avant-dernière rencontre du groupe de soutien dont je faisais partie. Je me sentais triste de quitter quelques-uns de ses membres et en colère contre d'autres avec qui j'avais eu des problèmes. En rentrant chez moi, la colère avait pris le dessus et je décidai de noter quelques pensées et sentiments pour les comprendre.

Au moment où je prenais un crayon et du papier, une voix intérieure m'arrêta et j'eus l'impulsion forte de méditer au lieu d'écrire. Je m'installai confortablement, commençai à respirer profondément et arrivai à un état de relaxation totale. Je me dis alors spontanément : « Je peux avoir confiance et progresser en toute sécurité. » Ces mots, que je me répétai, m'apaisèrent et je finis par m'endormir.

Quand je me réveillai, j'eus immédiatement envie d'écrire. Alors que je prenais un crayon, j'entendis une musique dans ma tête. Tout en restant parfaitement conscient de ce que je faisais, j'écrivis les paroles d'une chanson que je voudrais partager avec vous.

Lumière dorée. Je pardonne

La lumière dorée qui m'entoure me libère de mes peurs. Alors que j'essuie mes larmes, un amour scintillant m'enveloppe.
J'ai été si occupé dans ma vie, si en colère, j'ai eu l'impression que tant de gens me faisaient du mal,
Mais je pardonne et je deviens plus fort, je pardonne et je continue ma route.

La lumière qui brille de l'autre côté de cette porte m'invite à venir,
Le soleil scintille à travers les arbres de nouveaux pâturages,
Parfois je me sens plein d'amertume, mais je m'en défais comme d'une vieille peau,
Parfois je me sens plein de détresse, mais je laisse ma passion prendre le dessus,
Mais je pardonne et je deviens plus fort, je pardonne et je continue ma route.

Je me défais de mon corps, j'en trouve un nouveau,
Je me défais de ma souffrance et je trouve la joie,
Je me défais de tout ce qui me faisait mal quand j'étais petit,
Et je me baigne dans des bassins d'eau bleue,
Et je me rends à votre beauté,

Et je crois en vous et en moi, je sais que je suis libre.

Je pardonne et je deviens plus fort, je pardonne et je continue ma route.
Je continue ma route, je me défais de mon ancienne peau et je laisse ma passion prendre le dessus,
Je pardonne et je deviens plus fort, je pardonne... et je m'en vais...

À propos de l'auteur

David Lawson est un thérapeute, écrivain et conférencier anglais. Avec son collègue Justin Carson, il a voyagé à travers le monde pour enseigner des techniques de guérison, d'imposition des mains, de développement psychique et d'élévation spirituelle.

Il a publié *Star Healing : Your Sun Sign, Your Health and Your Success (Se soigner par l'astrologie : votre signe solaire, votre santé et votre réussite)*, *Money and Your Life : A Prosperity Playbook (L'Argent et la Vie : le livre de la prospérité)*, avec Justin Carson, *I See Myself In Perfect Health : Your Essential Guide to Self-Healing (Je me vois en parfaite santé : votre guide de guérison)* et *Principles of Psychic Potential (Principes du potentiel psychique)*.

Il a enregistré des cassettes de visualisation guidée : *I See Myself in Perfect Health*, vol. I et II et *Money and Your Life Prosperity Course.*

Pour tout renseignement concernant ces publications, vous pouvez écrire à l'adresse suivante :

Healing Workshops
PO Box 1678
London NW5 4EW
Royaume-Uni

Adresse e-mail : healingwps@aol.com.

Index

Imprimé en France
par I.M.E., 25110 Baume-les-dames.
N° d'imprimeur :13005
N° d'édition : 47954.
Dépôt légal n° 1809,mars 1999.
ISBN : 2-01.236.324-5.
23-71-6324-0/01